「新時代の学び戦略」

AI、スマホ、ゲーム世代の才能を育てる

目次

はじめに

テクノロジーで世界は一変した

ＡＩ（人工知能）、スマホ（※）、テクノロジー、オンラインゲーム。このような言葉を聞かない日はなくなりました。２００８年のiPhone登場以来、世界の様相は一変しました。ライフスタイルも、企業のあり方も、働き方も。教育も、もちろん例外ではありません。

私は１９８９年以来、30年にわたって教育分野に携わってきましたが、子どもたちを取り巻く環境が今ほど変わった時代はなかったと感じています。まさに20世紀型から21世紀型への大転換。そこにテクノロジーの進化発展がベースにあることは誰しも認めるところでしょう。

最も進化の遅い分野の一つである日本の教育分野も、これから大きく変わります。２０２０年を境に大変革することが決まっているのは、みなさんすでにご承知だと思います。その背景には、テクノロジーの進展により企業で求められる人物像が大きく変わった時代の変化があるのです。

一方で、小中高生を持つ親の大きな心配ごとの一つに、「スマホ・ゲーム・動画に子どもがハマって、勉強しない」という悩みがあります。現在、私は「Mama Café」というカフェスタイル勉強会を全国で主宰していますが、この2年で1000人以上のママさんと直接お話しし、そこで受けた相談内容の中で最上位に上がってくるのが、まさにこの悩みなのです。

一昔前も、このような悩みはありました。たとえば、「うちの子、漫画ばかり読んでいて、ちっとも勉強しない」の漫画という言葉が、時代によってさまざまに入れ替わっているだけなのです。しかし、今のテクノロジーに関する親の悩みには、昔の悩みと異なる問題があるのです。

親世代の時代遅れの価値観

それは、「デジタルネイティブ×アナログネイティブ」という対立構造があるか

※スマホ：スマートフォンのことを本書では「スマホ」の呼称で統一した。

らです。そしてこの2種類の対照的な人たちが混在する世界になっているのです。

デジタルネイティブの定義はいろいろとできますが、私は、２００８年以降に生まれた子どもたちと定義づけしています。なぜなら、iPhone 誕生の２００８年を起点に、これ以降に生まれた子どもたちは、生まれた瞬間からスマホ、タブレットといった世界を一変させたテクノロジーに囲まれて生きているからです。生まれた環境が与える思考への影響、生活習慣に与える影響は少なくありません。ということは、親世代と今の小学生には大きな価値観の相違があるということなのです。

そして、その子はやがて中学生、高校生になり、十数年経つと社会に出て、20年も経つと社会を動かす立場になります。であれば、アナログネイティブである親たちの価値観は時代遅れになりつつあるのではないか？　と思うのです。これは価値観が正しいとか間違っているという意味ではありません。時代が変わったのです。

企業の内部でも、価値観の相違による軋轢《あつれき》は頻出しています。特に若い世代の社員を育成することが難しくなってきているのです。これはある意味、これまでアナログネイティブの人たちが正しいと思ってきたアプローチ方法が、間違っている可能性もあるということです。

テクノロジーを知れば教育の方向性が予測できる

子どもの教育の世界でも、企業内部の人材育成の世界でも、できることはひとつです。それは今、テクノロジーを活用した教育がどこまで進んでいるのか、事実を知ることです。事実を知ると、理解ができます。理解ができると、歩み寄りができます。つまりアプローチ方法がわかるのです。

今回、そのような背景から、本書が世に出ることになりました。しかも、対談という形式になっています。私はリアルタイムで教育の実情や家庭教育の現状を知る者ですが、テクノロジーの世界、特に教育分野におけるテクノロジーについて、私が知るところでは最もよくご存じの方である、リクルート次世代教育研究院院長の小宮山利恵子さんと対談しました。

小宮山さんに関しては、プロフィールをご覧いただければおわかりになるかもしれませんが、日本のみならず世界のタブレットを使った教育、ＩＣＴ（情報通信技術）教育事情、さらにはプログラミング教育など、テクノロジーを使った教育を最もよく知る日本の第一人者です。

対談形式での本書では、テクノロジーを活用した教育の現在の状況、今後の教育の方向性といった全体像から、さらにはスマホやゲームで悩む家庭ではどのような対応をしていけばよいのかといった具体的内容まで、余すところなくすべてお話をしています。

本書を読んでいただくと、今後、教育の世界がどのような方向へ向かっていくのか予想できると思います。また、デジタルネイティブを育てる立場にある方は、新しいアプローチ方法についても知ることができることでしょう。現在進行形のテクノロジーの現状と、人を育てるための教育、この2つについて少しでもご参考いただければ幸いです。

石田勝紀

第一章

AIは〝学び〟の最強の味方になる
【AI×新しい学び】

ＡＩは人間の敵ではない

石田　このところ、メディアでＡＩ（※）という言葉を見聞きしない日はありません。その多くは、「ＡＩに人間の仕事を奪われたらどうする？」「ＡＩが人間の脳を超えるシンギュラリティ（※）に到達したらどうなる？」といった、私たち人間の恐怖心を煽《あお》るようなものがほとんど。自分の子どもを、ＡＩに負けない人間に育てるにはどうすればいいのか、不安を感じている親も増えていると感じています。

小宮山　「２０１１年に小学校に入学した子どもたちの65％は、今存在しない職に就くだろう」と、アメリカのデューク大学のキャシー・デビッドソン教授が発言してから、日本でもそういった話題が増えてきましたよね。野村総合研究所も、10～20年後に、日本の労働人口の49％が人工知能やロボット等で代替可能になると試算しています。恐怖心を煽ると購読者が増えるので、メディアがあえてそういうテーマを打ち出しているところもあると思いますが。

石田　「東ロボくん」（※）の研究をしている新井紀子さんの『ＡＩ vs.教科書が読め

ない子どもたち』がベストセラーになったことも、子育て中の親の危機感を象徴しているように感じました。私も、これまで３０００人以上の子どもたちを指導してきた経験から、子どもたちの読解力が落ちていることは強く感じていたんです。ですから、あの本を読んでそれが明確になったという思いがしましたね。

小宮山　新井さんの本は私も読みました。本に記載されている文章は、日常ではあまり見かけないパズルのようなものなので、それを人が解読できることの価値という点については議論があるようです。ただ、ＡＩを含めたテクノロジー社会に恐怖

※ＡＩ：Artificial Intelligence の略。人工知能。推論、判断、問題解決、学習など、人間の知的能力をコンピューター上で実現するための技術のこと。外部からのテキスト、画像、音などさまざまな情報を受け取り、人工知能アルゴリズムによって処理実行を行う。

※シンギュラリティ：技術的特異点。指数関数的に高度化する人工知能が人間の脳を超えることで、人間の生活に大きな変化が起こるという概念。人工知能研究の世界的権威で未来学者のレイ・カーツワイル博士の予測により、２０４５年に到来することが有力視されている。

※東ロボくん：日本の国立情報学研究所（大学共同利用機関法人 情報・システム研究機構）が中心となって２０１１年から２０１６年に行われたプロジェクト「ロボットは東大に入れるか」において研究・開発が進められた人工知能の名称。

心を抱いている方が多いのは、私も実感しています。以前、グリーという会社で働いていたとき、全国の学校を周って、先生や子どもたちにインターネット利用に関する講演会を開いていたんですね。そこでも、「ＩＴは怖いもの」と思い込んでいる先生や保護者が少なくありませんでした。

石田　授業でも、インターネットを使用しない学校が大半ですからね。

小宮山　私は、インターネットの正しい利用法を学んでいただいて、子どものために役立てる新しいツールとして考えてほしくて活動していたんです。ところが逆に、「インターネットの怖さを子どもたちに教えてください」と頼まれることが多くて、困ったことがよくありました。ＡＩはなおさら、その意味を理解していない人も多いので、漠然と怖がる人が多いんでしょうね。

石田　私の小学生の息子も、ＡＩという言葉を使うと、「やめて、それ言わないで！」と耳をふさぐんですよ。「グーグルホーム（Google Home）やアマゾンエコー（Amazon Echo）を買おうかな？」と言うと、「やめて、それ絶対にやめて！」と拒否するほどです。息子が特に怖がりなのかもしれませんが、「ＡＩやロボットは怖いもの」というイメージが植え付けられている子どももいるんですよね。でも、ＡＩは人間の敵なのだろうか？　と思うわけです。むしろ逆じゃないの？　と。

私たちの生活は、ＡＩのおかげでかなり効率化されて助けられている面がたくさんありますから。

小宮山　お掃除ロボット、シリ（Siri）やグーグル（Google）の音声アシスタント機能、インターネットの検索エンジンにも人工知能が使われています。ドローンもそうですし、自動運転の自動車も実用化に向けて開発が進んでいますからね。生活や仕事がＡＩのおかげで効率化されて余裕ができた分、人間は人間にしかできないことをもっと楽しめるようになるとも言われています。

石田　これからの学びも、ＡＩのおかげでもっと自由に効率的になるでしょうね。本書では、そのあたりを小宮山さんと探っていきたいと思っています。

小宮山　ＡＩの進化はめざましく、５年後、10年後の私たちの生活がどうなっているのか未知数の部分は多いですが、現状、わかる範囲でお話しできましたら。

AIの活用で「つまらないお勉強」が「楽しい学び」に変わる

石田　小宮山さんは、テクノロジーを活用した教育（※）に関する記事をメディアで積極的に発信されていますよね。海外視察もよくされていて、先進国から発展途上国までさまざまな国の子どもたちが、学校でタブレットを使って楽しそうに学習している様子が伝わってくる記事も拝見しました。

小宮山　海外は、子どもたちに主体的に楽しく学んでもらうことを重要視している学校が多い印象があります。ところが日本の教育は〝勉めを強いる〟という意味の「つまらないお勉強」が基本です。でも、人間はもともと知的好奇心が強い生き物。知らないことを知って理解する「学び」は、本来、楽しいものであるはずなんですよね。海外には、そのためにタブレットを有効活用している学校が多いです。日本のように、学校や家庭で〝お勉強〟を強制されることほど、子どもにとって嫌で面倒臭くてつまらないものはないと思うのですが。

石田　まさにそこが問題なんです。最近、私が出した『子どもの自己肯定感を高める10の魔法のことば』にも書きましたが、子どもの自己肯定感をつぶす大きな原因となっているのは、「勉強しなさい」「早くしなさい」「ちゃんとしなさい」の３つのブラックワードです。これを子どもが日常的に言われ続けたら、特にセンシティブな子は自己肯定感を破壊しかねません。勉強を強制すればするほど、子どもは勉強嫌いになってやる気をなくす、という根本原理を知らない方が少なくないんですよ。

小宮山　理想は、楽しみながら学んだことが、知らないうちに身についていくことですよね。その理想に近づくためのツールとして、海外ではＡＩをはじめとしたテクノロジーの活用が教育分野でも進んでいます。子どもって、タブレットやスマホを触るだけで興味津々ですから、その時点で、好奇心や関心を引きつけているわけ

※テクノロジー活用教育：インターネット、ＡＩ、プログラミング、ゲームなどのテクノロジーを活用した教育の総称は、海外では一般的に「EdTech」という造語が使用されている。しかし日本ではまだ聞き慣れない言葉なので、「EdTech」の語源である「Education（教育）」と「Technology（テクノロジー）」を意味する「テクノロジー活用教育」という言葉で統一した。

です。

石田　そういったデバイスを使った授業は、海外ではもう一般的になっているんですか？

小宮山　国にもよりますが、北欧やアメリカはもちろん、東南アジア、中国、インドでは、タブレット学習やオンライン学習が一般的になってきています。アフリカ、ブラジルでも増えてきていますね。

石田　日本だけがガラパゴス化している？

小宮山　はい、かなり後れています。しかも、日本の学校の授業参観に行くと感じますが、子どもたちの表情が違います。海外の学校を視察すると、タブレットを使って学んでいる子どもたちはみんなワクワクしていて楽しそうなんですね。エストニアの小学校では、小学1年生から児童がスマホやタブレットを学校に持参していました。学校が終わると、放課後も友だちとタブレットでお絵描きをしたり、アプリで音楽を聴いたりして、学びと遊びの境界線がない印象を受けました。

ＡＩの習熟度別学習で落ちこぼれがいなくなる

石田　確かに、先生の話を聞いてノートをとるだけの授業より、タブレットを自分で操作しながら先生と生徒が双方向的に学ぶほうが、集中力も増すでしょうし楽しいでしょうね。それに何より、スマホやタブレットを授業で使う一番のメリットは検索機能だと思うんです。何か調べたいとき、インターネットですぐ検索できることほど、便利で効率的なものはありませんから。大人は日々その恩恵を受けているのに、学校だけが明治維新から変わらないアナログの授業を続けている。学校教育も時代の流れに合った取り組みをしなければ、子どもたちがゆくゆく苦労することになりかねません。

小宮山　その学校教育の後れを補うかのように、民間のオンライン学習サービスやプログラミング教室が急増していますよね。リクルート次世代教育研究院でも、日本における人工知能研究の第一人者である東京大学の松尾豊先生と、ＡＩを活用した教育の共同研究を進めています。その成果の一つがオンライン学習の「スタディサプリ」（※）を用いた研究です。一人ひとりの進度や理解度に合わせたパーソナライズドラーニング（習熟度別学習）ができるサービスで、小学生から高校生・社会人まで需要が広がっています。

石田　「スタディサプリ」を使うと、具体的にどういう学習ができるんですか？

小宮山　小学4年生から高校3年生の全教科、5教科18科目を、4万本以上の動画授業として配信しているんですね。それを、生徒個人のレベルに合わせて受講して、ドリルを進めることができます。自動採点機能や、児童・生徒の学習履歴管理機能もついているので、学びの可視化もできるシステムです。

石田　学びの可視化ができれば、さまざまな問題が改善できそうです。

小宮山　そこが最大のメリットだと思います。例えば、学習履歴データを活用して児童・生徒一人ひとりの「苦手ポイント」を特定することができます。また、次に学習するべき内容を自動でオススメする「苦手克服レコメンド」機能もついています。

石田　タブレットさえあれば、家庭でもどこでもその機能を利用して学習できるわけですね。

小宮山　その気になれば、自分が得意な分野をどんどん飛び級で学べる「先取り学習」もできます。ちなみに、小学5年の私の息子も、「スタディサプリ」で中学1年の数学まで先取り学習しているんですよ。

石田　もはや学年という概念がなくなっていますね。

小宮山　また逆に、1クラス30、40人もいる学校の授業では、子どもたちの学力レベルもまちまちで授業についていけない子が出てきてしまいがちです。そうしたお子さんが、「落ちこぼれ」予防のための復習も、「スタディサプリ」で自由に選択できるのです。

石田　それは日本の教育現場の大きな課題解決になりそうです。

※スタディサプリ：リクルートマーケティングパートナーズが運営するオンライン学習サービス。小学・中学・高校、大学受験に必要な5教科18科目・4万本以上のプロ講師による授業動画見放題を月額980円で利用できる。

ＡＩが子どもの「やる気」に火をつける

小宮山　ＡＩの研究は現在も進んでいて、将来的には、学習者がギリギリ答えられる問題を分析できるようになると思います。そのうえで、ＡＩが適切な問題を与えることによって、より効率的な学力向上が可能になると言われています。

石田　ギリギリで答えられる問題、というのがポイントですね。まったくわからない問題だと、子どもはすぐに音を上げてしまうので。

小宮山　プリント学習で有名な塾でも、１枚のプリントで約８割できるようになっていると聞いています。残りの２割は頑張れば解けるレベルの問題で、それができると達成感が得られて、次のプリントに進むやる気が起こる仕組みになっているそうです。その黄金比みたいなものを、ＡＩが個別にレコメンドする研究をしているわけです。

石田　どうやって子どもをやる気にさせるか？　というのは、私が全国の親御さんからいただく膨大な量の相談の中でも、一番多いテーマです。

小宮山　子どもが勉強でつまずかないための２大要素は、「意欲」と「継続」なんですよね。この2つを与えられるようにＡＩの精度を上げていけば、特に算数、数学、英語などの積み上げ式の教科は落ちこぼれが少なくなると言われています。

石田　どんなに優秀な先生でも、1クラス30、40人もいると一人ひとりに細かい指導をするのは難しいのが現実です。でもＡＩ先生によって、100％完璧とは言わないまでも一人ひとりに適切な学習アドバイスができるようになれば、これは子どもたちにとって最高の学習環境になるでしょうね。

小宮山　今までは、生徒一人ひとりの学習レベルの管理も先生の裁量に任せっきりになって、可視化されていませんでした。経験も才能もバラバラの先生が、直感や勘といった漠然としたもので生徒の学力レベルを判断して指導してきたわけです。その点、「スタディサプリ」を利用すれば、先生専用のアプリで児童・生徒の学習状況をリアルタイムで把握することができます。そしてその子の習熟度に合った特定のドリルや動画を〝宿題〟として配信することもできるんですね。

石田　自分のレベルに合った学習を、自分がやりたいときにできるようになれば、苦手意識がかなり軽減されるでしょう。勉強は難しくて嫌なもの、という思い込みの壁がなくなることは、学びにおける最大のメリットだと思います。

小宮山　やらされるのではなく、やりたくなる。それが一番大事なポイントですよね。

学習の効率化で人間本来の才能を伸ばす

石田　そうなると、先生の役割も変わってきますね。

小宮山　生徒個人の学習レベルを管理する仕事をテクノロジーがやってくれるようになれば、先生はコーチ、ファシリテーター、メンターとしての役割が多くなるでしょうね。

石田　日本の小中学校は一斉授業で、一学期はこれをやって二学期はこれをやってと、カリキュラムが一律で決まっています。ですから、得意不得意な教科も学力もバラバラの生徒たちにとっては、無駄が多くなる。この問題は昔から指摘されていましたが、テクノロジーを活用して病院のカルテのように、生徒の学習カルテが可視化できれば、ようやく今までのような授業形態を見直すこともできるかもしれません。

小宮山　効率的に学習して時間的余裕ができた分、知識習得以外の活動に力を入れることもできます。そうなると、ＡＩには真似できない人間の才能を伸ばすことが重要になっていくでしょうね。

石田　たとえば、生徒一人ひとりの個性を重視して長所を伸ばすカリキュラムもプラスできますよね。自分が好きなことや得意なことを、主体的に学べる時間が増えれば、自己肯定感、自己受容感が高まります。そこで精神的に満足できると、「他の世界も覗いてみたい」「苦手なことでもちょっとやってみるか」と、興味関心の輪がどんどん広がっていくんですね。ＡＩ時代を生きるためには、まさにそういった好奇心、創造力、感性を磨いていくことが大事になります。

小宮山　ただ、受験がなくならない限り、子どもがそのために膨大な受験勉強時間を費やすことは変わらないんですよね。一方で、ＡＩ時代を生きるためには、その子の好きなことや得意なことを見つけて、才能を伸ばしてあげる時間も必要になってくる。でも、一日は24時間しかありませんから。

石田　いかに短時間で効率的な学習をするかが、子育てのポイントになってくるわけですね。

小宮山　今まで１００％受験のために費やさなければいけなかった勉強時間を30％まで凝縮して、残りの時間をその子の好きなことや得意なことを伸ばす他の学びや活動にあてていく。そのように、学びのポートフォリオが変わることを親が意識することが、ＡＩ時代の子育てには不可欠だと思います。

石田　それは私もまったく同感です。２０２０年以降、教育の大改革がはじまって、大学新入試に思考力を問う問題も導入されると言われていますが、受験がなくなるわけではありません。日本の小中高のカリキュラムは基本的に、大学受験というゴールを目指してつくられていて、そこに英語やプログラミングも加わってくる。

小宮山　受験はなくならないのに、やることは増えるんですよね。

石田　でも社会では、学歴なんて関係なくなってきていると思いませんか？　私も、初対面の人の学歴より、「何のスペシャリストなのか？」「どういうネットワークを持っている人なのか？」ということに関心が向かうようになっていますから。

小宮山　それは私も、海外に行くと特に感じますね。

石田　そういう状況を考えると、オンライン学習で活用されているＡＩは、「お勉強」を効率化して時間的余裕を与えてくれる最強のツールですね。人間の敵どころか、人間本来の才能を伸ばしていくための味方と言えるでしょう。

小宮山　ＡＩを活用するかしないかで、学びの進度も変わるようになるでしょうね。

オンライン学習だけで大学へ入学できる日も近い⁉

石田　ＡＩを活用した学びでそこまでできるようになると、学校がすべてではなくなるでしょうね。

小宮山　実際、オンライン学習を通じて、米国の大学に飛び級で入学したという子どもも出てきています。

石田　角川ドワンゴ学園のＮ高等学校も、好きなときに好きな場所で学べて単位が取れる「ネットコース」がありますよね。不登校児や引きこもりの子どもも、学校に行かずして学べて卒業資格も得られると聞いて、いい時代になったなぁと思いました。

小宮山　長期入院している子どもたちのために、オンライン学習による単位取得を認める試みを検討している自治体も出てきています。

石田　そのうち、オンライン学習だけで学んで高等学校卒業程度認定試験をパスして、大学に入る子どもたちも出てくるかもしれませんね。

小宮山　近い将来、出てくるでしょうね。

石田　オンライン学習で、実際の授業のように先生と生徒が双方向にやりとりしながら学べるようになったら、塾や予備校も今ほどニーズはなくなるかもしれません。すでに東進ハイスクールのように動画で授業を受けて、わからないところがあったら教えてくれるチューター制度を導入しているところもありますから。

小宮山　おっしゃる通りで、オンライン学習を効果的に利用するためには、やはり伴走者が必要なんです。小学生は自分から学ぶ習慣がまだ身についていませんし、中学生でも自分で学習管理するのは難しい子どもがほとんどですから。必然的に保護者が伴走者の役割を担うことになります。それともうひとつ、重要なのは、みんなが頑張っているから自分も頑張れると思える「場」の問題です。そこにいくと、必然的にやる気になる「場」ですね。

石田　小中学生に「場」が大事なのもよくわかります。勉強が楽しくて仕方ない一部の天才を除くと、やる気に火をつけるのが大変な子どもばかりですから。そういう子どもをやる気にさせるためには、周りから刺激を受ける「場」も必要ですし、指導者や伴走者にもスキルが必要です。

小宮山　ただ、さまざまな事情で学校には行けないけれども、本人に学ぶ意欲がある場合など、伴走者や「場」の問題がそれほど重要でないケースもあります。そういう場合、オンライン学習による学びはとても効率的に利用できると思いますね。

問題はアナログネイティブの親の意識改革

小宮山　高校生になると精神的にかなり自立するので、大学受験という目標に向かって自学自習できるようになります。それでも、わからない問題についてアドバイスしてくれる人、という意味で伴走者が必要になるんですね。ですから、高校生対象の「スタディサプリ」では、最近、コーチングサービスを導入しました。

石田　コーチは大学生ですか？

小宮山　はい。東京大学、京都大学、一橋大学、慶應義塾大学、早稲田大学、東京工業大学の学生がコーチとして活躍しています。彼らが、生徒からの質問に48時間以内に答え、コーチングしています。

石田　リアルタイムではないんですね。

小宮山　リアルタイムではないですが、わからない問題の画像を読み込んでコーチにシェアするんです。それをもとにチャットでやりとりできるようになっているので好評ですよ。

石田　同じような質問もきっと多いでしょう。

小宮山　そこはこれまでの膨大な量のチャットを蓄積・分析していてレコメンドしてくれるので、かなり効率的なシステムになっています。

石田　コーチと生徒は、お互いの顔を見ながら話せるの？

小宮山　生徒ごとに担当が決まっていますが、コーチの本名や顔は出していません。

石田　そこまで先生と生徒の距離が近いオンライン授業が一般的になってくると、何らかの理由で塾や予備校へ通えない子どもたちの学びの機会が増えて、教育格差も縮小するでしょうね。わざわざ電車やバスに乗って塾へ通ったり、高いお金を払って家庭教師をお願いする必要はないと判断する家庭も増えそうです。

小宮山　それはあるでしょうね。最終的に問題になるのは、テクノロジーよりも親のマインドセットのほうだと思います。テクノロジーを活用して先取り学習して、安くて効率的な学習ができるとわかっていても、必要ないと思う親にとっては存在しないのと同じですから。

石田　昭和生まれのアナロググネイティブの親の意識改革が、デジタルネイティブの子どもの成長に影響を及ぼすようになるということですね。

また、自分の好きなことや得意なこと、性格的な特徴を入力すると、ＡＩが「あなたにはこういう進路が向いていますよ」「こういう職業が合っていますよ」と教えてくれるようになったりするのでしょうか？

小宮山　ざっくり言うとそういうことですね。

石田　すごいですね。自分の才能にマッチングした進路や職業がわかって、選択ミスが起きないようになったら幸せですが、まさかそんな時代が本当にくるとは思いませんでした。そのための学びだったらやる気も起きます。

小宮山　近い将来、その逆のサービスも出てくるかもしれません。やりたい職業がはっきりと決まっている場合、どういうスキルや才能を身につければ実現できるのか、そのための条件をすべてＡＩがレコメンドしてくれるサービスが。

石田　それもすごいですね。無駄を極力減らせる。

小宮山　今までの学校教育は、〝やりたいことのための学び〟ではなく、〝何の役に立つのかわからない勉強〟でしたから。目標実現のために必要な学びだとわかれば、自分からやろうという気になりますよね。

５Gの登場でテクノロジー活用教育は加速する

石田　私はずっと、「勉強をいかに勉強と思わせずに楽しく学ばせるか」ということを考えて、長年、子どもたちを指導してきました。ママさん向けのセミナー、講演会、著書でも伝え続けてきました。テクノロジーを活用した教育は、その〝勉強らしくない勉強〟を楽しむ魅力的な授業を展開するうえで、非常に有効なツールになるということですね。

小宮山　たとえば単純に、理科で生き物の生態を知るのも実験をやるのも、家庭科で料理の作り方を学ぶのも、言葉で説明されるよりタブレットで動画を見たほうがわかりやすいですよね。

石田　必然的にそうなるでしょうね。

２０１９年に日本も導入をめざしている５Ｇ（第５世代移動通信システム）の登場で、海外ではテクノロジー活用教育がさらに進化すると言われています。

小宮山　5Gが、現在主力の4GやLTEとはケタ外れに便利になるためで、大きく変わる点は3つあります。1つ目は「高速通信」です。通信速度が4Gの約20倍、LTEの約100倍速くなり、容量も4Gの20倍になると言われています。これはたとえば、2時間の映画をダウンロードするのに4Gでは6分ほどかかるのが、5Gでは3・6秒（※）でダウンロードできるほどの違いがあります。

石田　6分が3・6秒に！　すごい進化ですね。

小宮山　2つ目は、「低遅延」です。たとえばLINEなどのIP電話アプリで通話したときの、会話のタイムラグのズレが少なくなってスムーズに会話できるようになります。3つ目は「大容量通信」で、5Gは1平方キロメートル当たり、4Gの100倍となる最大100万台以上のデバイスを、同時に通信回線に接続できるようになると言われています。

石田　通信速度と容量がそれだけ変わると、動画コンテンツが主流になるのは間違いないですね。オンライン学習の市場もさらに拡大するでしょう。教育分野に与えるインパクトも大きい。

小宮山　その他にも、グーグルホームやアマゾンエコーといった音声AIアシストのサポートで、日常的に何かを学ぶことが普通になると言われています。家庭のほうが、そういう時代の変化に順応するのは早いでしょうね。

石田 私の二人の息子もそうですが、今の子どもたちは、テレビよりもユーチューブ（YouTube）を見ていますからね。ユーチューブで折り紙の折り方を公開している動画を探して、見よう見まねでものすごい作品を作ったりしています。さらに5Gを使えるようになったら、ネットでほとんどのことは解決できるようになるでしょう。

小宮山 小学生男子のなりたい職業のアンケートで、ユーチューバーが6位にランクインする時代ですから（※）。

石田 デジタルネイティブの子どもたちは、時代の変化に柔軟に対応して、新しい生活習慣をどんどん身につけているのです。一方で、そんな子どもたちに対して、アナログネイティブである親世代が古い価値観を押しつけることによる新しい問題が起こるのではないかと思っています。

※5Gによる2時間の映画のダウンロード時間は3・6秒：2018年にラスベガスで開催されたCES（Consumer Electronics Show）で発表された数字。

※「ユーチューバー」がなりたい職業の6位：日本FP協会開催第11回「小学生『夢をかなえる』作文コンクール」アンケートの男子児童1857点集計結果より。

インターネットは社会と結びつく学びに不可欠

小宮山　学んだことを将来、役立てるためには、学校も家庭も社会と直接結びついている存在であるべきです。その前提で考えると、子どもが学校の授業でスマホやデバイスを使ったりするのは、世界的に見ても〝当たり前〟になってきているんですね。家庭も同じで、社会人になってから、「デバイスを使ったことがありません。インターネットやアプリの機能もよく知りません」という状態からスタートして苦労するより、早く慣れておくに越したことはないです。

石田　でも、早ければいいというものでもない、と思っている親も多いんですよ。まだ子どもでわからないことだらけだから、変なトラブルを起こすんじゃないか？　個人情報がダダ漏れするんじゃないか？　有害サイトの悪影響を受けるんじゃないか？　と。そういう不安や心配があるから、持たせないほうが無難だと思ってしまうんでしょうね。

小宮山　私はむしろ、失敗は早めに経験しておいたほうがいいという考え方なんです。もちろん、ＳＮＳやブログで炎上することの危険性や、個人情報がネットに拡散されることのリスクなどは、親が責任を持って教える必要はあります。そのような情報リテラシーをしっかり学んで、テクノロジー社会に少しでも早く慣れさせておいたほうが、将来的に本人のためになると思うんですね。

石田　私も、子どものうちに失敗を量産させることの重要性を、ずっと言い続けてきました。そこにテクノロジーが絡んでくると、確かに親の責任で管理することも増えるでしょう。そうすると、そこまでしてまだやらせる必要はないと判断する親と、そういう時代だと割り切って子どもにも積極的にテクノロジーを活用する親と、二極化する可能性もありますね。

小宮山　すでにその傾向は出てきていると感じます。

石田　どちらの方針をとっても良いでしょうが、間違いなく言えることがあります。今の子どもたちが社会で働く頃には、テクノロジーがあらゆる仕事、生活、教育に必要不可欠になっているということです。それは昭和生まれの私たち大人も経験したことがない世界。そのような時代を生き延びていく人間に育てるために、親はどう子育てすべきか改めて考える必要があるのです。

テクノロジーで英語力と異文化理解を身につける

小宮山 今までグローバルに働ける人材というのは、基本的に英語ができてキャリアもある一部の人たちに限定されていました。でも少子化が進んで労働人口がどんどん減っている日本では、会社員もパートタイムの人も、外国人と一緒に働くことが普通になりつつあります。つまり、誰もがグローバルに働かざるを得ない状況に巻き込まれる可能性が高いのです。

石田 サービス業では、すでに当たり前になっていますよね。以前、仕事で京都に行った際、観光名所に立ち寄ったら、お土産屋さんで店番をやっている普通のおばさんも、英語でベラベラしゃべっていてびっくりしました。

小宮山 観光地ではそういう人もめずらしくないですよね。一緒に働いている外国人が日本語を理解できない場合、共通言語はおそらく英語か中国語になるはずです。モノを売るにしても、サービスを売るにしても、外国人向けのビジネスに力を入れている企業は増えていますから。今まで以上に、私たち日本人が外国語をマスターする必要性は高まってきています。ただ、英語や中国語といった言語ができることだけでなく、異文化理解も大事で、この2つがセットでできることがアドバンテージになると私は思っているんですね。

石田　同感です。人間対人間のコミュニケーションが前提としてある限り、AIを使った翻訳機能がいくら進化しても、それだけではビジネスにはならないでしょうね。

小宮山　機械翻訳が進化したら英語教育は必要なくなるのではないか？　と言う方もいるようですが、私はまったくそんなことは思っていません。なぜなら、今まで世界各国、さまざまな国を仕事で訪れてきましたが、その国の文化や価値観を理解しなければ、意思の疎通を図りながらコミュニケーションするのは難しいからです。

石田　言語能力と異文化理解の2つは、グローバルにビジネスをするための絶対条件だということですね。

小宮山　そうです。では、どうやってその2つを日本で手っ取り早く身につければいいのか？　ということになるわけですが、テクノロジーの世界ではすでに国や言語の壁を越えて、老若男女さまざまな人種がコミュニケーションをとっています。そこに積極的に参加すれば、自然と言語も異文化も学べるんですね。

ＳＮＳやゲームで世界中の人とコミュニケーションできる

石田　親は子どもに対して、「これからどんな時代になっても自分で生きる力を身につけてほしい」と願っています。その基盤の一つとなる英語力や異文化コミュニケーション力を、子どもがタブレットやスマホを使って遊びの世界で身につけられる。それは願ってもないことなので、親はこの点をどのように理解していくかということですね。

小宮山　私の息子も、「ニンテンドースイッチ（Nintendo Switch™）」が好きで世界の子どもたちと英語で会話しながらオンラインゲームをしています。しかも、小学生にしてすでに海外の人たちとチームを組んで、「協働」している感覚を学んでいるんですよ。

石田　それは覚えるのも早いでしょうね。やっていて楽しければ、苦手意識なんて感じる暇もないでしょう。必要に迫られて対戦相手とコミュニケーションをとっているうちにどんどん英語力がつくはずです。

小宮山　英語力は、必要に迫られないと身につきませんからね。

石田　そういう意味では、インスタグラム（Instagram）やツイッター（Twitter）のタグ付けも、ある種のコミュニケーションですよね。自分の興味や関心があることを、不特定多数の人に向けて拡散しているわけですから。英語で投稿すれば世界中の人の検索に引っかかって、世界中の人とコミュニケーションができるチャンスを得られます。

小宮山　日本と世界の英語圏では、読んでいる人の数が桁違いですからね。人種もさまざまなので、多様な文化や価値観を学ぶチャンスが増えます。

石田　遊びの延長で世界とつながれる環境を考えると「テクノロジーと英語はセット」だと言っても過言ではないですね。

小宮山　ゲームでもSNSでも、英語でアウトプットできるようになると、当然、インプット量も無限に増えます。私の息子は、数万円で買えるパソコン「グーグルクロームブック（Google Chromebook）」を買ってあげたら、すぐに検索をはじめました。そして無料のタイピングソフトを自分で探して、さっそく使い始めていましたね。息子は、以前からユーチューブの「いいね」の横にある数字で、「K」と書かれているのが何の意味かわからなかったそうなんです。そこでさっそく調べたら、「１０００」の単位を意味するものとわかって、すごく嬉しかったと話していました。そういう風に、自分が知りたいことをネットで調べたり、膨大な情報の中から取捨選択するのも、トライヤル＆エラーの繰り返しで貴重な経験になっているみたいです。

石田　英語もタブレットの使い方も、無料で学べるコンテンツは山ほどありますからね。アナログネイティブの大人のように、誰かにお金を払って教えてもらって学ぶものではなくなっているのでしょう。わからないことがあったら、まずは自分でインターネットで調べて、トライヤル＆エラーを繰り返しながら学んでいけばいい。そういう感覚が、これからの時代を生きる子どもたちは普通になっていくでしょうね。

第二章

海外のテクノロジー活用教育はここまで進んでいる

【海外×新しい学び】

Wi-Fi環境と一人一台のタブレットは当たり前

石田　小宮山さんが、日本のテクノロジー活用教育の後れに危機感を持つようになったのは、世界の教育現場を視察するようになってからですよね。それはいつ頃からですか？

小宮山　私がグリーで働いていた2013年頃ですから、5、6年前からでしょうか。2014年頃から、WEBメディアの「東洋経済オンライン」で連載をはじめ、「ニューズピックス（NewsPicks）」でコメントをはじめたのも、海外の教育事情などを実際に見に行って、「日本はヤバいぞ」と危機感を持ったのがきっかけでした。

石田　海外では、テクノロジー活用教育の地域差というのはあるんですか？　それとも日本だけが極端に後れていて、世界各国、程度の差こそあれ同じように進化しているんですか？

小宮山　ヨーロッパが進んでいてアジアが後れている、といったような地域差はないですね。各国がそれぞれ施策を決めてやっているので、バラバラと言ってもいいぐらいです。例えばヨーロッパでも、北欧のフィンランド、エストニア、デンマークはかなりテクノロジー活用教育が進んでいます。でもフランスはどうかというと、そういう進歩的な話はあまり聞かないですね。ただ、昨年3月にマクロン大統領がAI専攻の学生数を倍増させると発表し、「AI技術をリードする国家にならなければならない」と強調していましたので、それに関連して進むかもしれません。

石田　アメリカはどうなんですか？

小宮山　アメリカも州によってかなり差があります。シリコンバレーがあるからといって、西海岸が特別に進んでいるわけでもなく、東部でも中部でもテクノロジー活用教育に積極的なところはあります。ケンタッキー州はかなり進んでいますし、フロリダ州のマイアミも、ワシントン州のシアトルもテクノロジーを教育に導入しています。

石田　結局、大統領や州知事、市長といったその国や地域のトップがテクノロジー活用教育に熱心かどうかなんですよね。熱心な人であれば、トップダウンでそのための環境整備に予算が投じられるから。

小宮山　そういう意味では、オバマ前大統領が、プログラミング教育に40億ドル

（約4500億円）を投じるなど、テクノロジーを活用した教育「テックエデュケーション（Tech Education）」（※）に力を入れた影響は非常に大きいです。アメリカ全土でみても日本よりはかなり進んでいます。

石田　日本も安倍首相が、2020年度から小学校でのプログラミング教育必修化を決めましたが、日本とアメリカの一番の違いは何ですか？

小宮山　アメリカはまずWi-Fiが整備されている学校が多いです。さらに、生徒一人に一台、パソコンやデバイスを与えている学校も多い。それができない学校は、家庭からのデバイスの持ち込み（Bring Your Own Device）を認めています。

石田　環境が整っていなければ何もできないですからね。

小宮山　アメリカの学校で教育用として使われているパソコンは、私が息子にも買ったグーグルクロームブックで、2〜3万円台で買えます。グーグルのアカウントさえあれば誰でも使えて、グーグルのアプリもすべて搭載されているかわりに余計なアプリが入っていないので、子どもでも安心して使えるんですね。このパソコンが、アメリカでは教育用パソコンの6割のシェアを占めているという話を聞いたこともあります。

石田　日本は、パナソニックや富士通のパソコンが主流で、なおかつ高い。

小宮山　しかも、日本は学校にWi-Fiが整備されていないので話にならないというか。日本がテクノロジー活用教育に力を入れるなら、まずは環境を整えることが先決ですね。

※アメリカのテックエデュケーション（Tech Education）：２０１６年１月末、アメリカのオバマ前大統領が、アメリカ国内の子ども向けコンピューターサイエンス教育に40億ドル（およそ４５００億円）を投入するよう求めた政策「Computer Science For All」を発表してから、テクノロジーを活用した教育が急速に広まった。

STEM・STEAM教育で下克上を狙う世界の若者たち

石田　アメリカがそこまでテクノロジー活用教育に力を入れているのは、オバマ前大統領がIT人材育成のために推進したSTEM教育（※）の影響も大きいですよね。子育て中のママには聞き慣れない言葉だと思いますが、ビジネスの世界ではここ数年よく耳にする言葉です。

小宮山　今ではそれにA（Arts）を加えてSTEAMと呼ばれていたりします。世界では、急速なテクノロジーの発展に追いつけないほど理系人材が圧倒的に不足しています。その危機感から、STEM教育をオバマ前大統領が国家戦略として掲げた在任中、年間約30億ドルの予算を計上しました。また、2012年からの10年間でSTEM分野の卒業生を100万人増加させるなど、具体的な数値目標も掲げて施策に取り組みました。それが起爆剤となって、世界で急速にテクノロジーを活用した教育が広がっていった。同時に、その動きが速い国と遅い国の差も広がっているわけです。

石田　現在進行形のテクノロジーの進化の背景には、その分野に従事する人材育成の課題があります。それが国の発展の命運を決めることをアメリカは認識して、できることを即、実践しているということですね。

小宮山　人種的マイノリティや貧困家庭の若者も、STEM・STEAMの学位を取得することで社会で成功して未来を切りひらこうと情熱を注いでいます。なぜなら、STEM・STEAM人材の給料は、そうでない人材と比べると5倍から10倍に跳ね上がりますから。

石田　それほど違いがあるんですか。

小宮山　中国、インド、ロシア、シンガポールもSTEM・STEAM教育に熱を入れています。インドでは、「カースト制度の階級を乗り越えられる唯一の方法は、STEM・STEAM教育を受けていい職に就くことだ」という考え方が定着しているほどです。

※STEM・STEAM教育：Science（科学）・Technology（技術）、Engineering（工学）、Arts（芸術）、Mathematics（数学）の領域に力を入れる教育方針、教育方法のこと。

海外のＩＴ人材の給料は日本とケタ違い

小宮山　特に急伸している中国の場合、北京大学や清華大学が20年ほど前から世界の大学ランキングを意識しはじめました。当時はどちらも東大より低いランキングだったので、大学のランキングをあげるために国が教育に投資をしはじめたんです。その投資先が、テクノロジーと教育、ＡＩと教育で、ここ数年その効果が出はじめているんですね。２０１３年には、習近平国家主席も、「教育にテクノロジーを導入する」と発言したので、都市部を中心にますますその動きが盛んになっています。

石田　中国のＳＴＥＭ教育は、主に大学主体で進められているんですか？

小宮山　当初はそうだったのですが、２０１７年2月には、中国の教育部がはじめて公式に小学校にＳＴＥＭ・ＳＴＥＡＭ教育を導入すると発表しました。

石田　アメリカにせよ、中国にせよ、とにかく行動が非常に早い。まさに21世紀のあり方そのものです。

小宮山　中国は、トップダウンの通達が全土に行き渡って有無を言わさず実行される強力な共産主義と、その市場を整備する資本主義がハイブリッドで機能しているんですね。そのため今後、ＳＴＥＭ・ＳＴＥＡＭ人材は爆発的に増えていくだろうと言われています。

石田　この20年で、なぜ中国がそこまで理系人材の教育に力を入れるようになったんでしょうか。

小宮山　やはりお金になるからです。日本と違って海外は、優秀なエンジニアに対する報酬が格段に高いですから。今後もし日本の教育や企業の採用条件が大きく変わらなければ、優秀な理系人材は海外の大学や企業に流出していく可能性が高いでしょうね。

石田　海外で優秀なエンジニアは、だいたいどのくらいの報酬を得られるんですか?

小宮山　たとえば、グーグルの初任給は、最低額でも1800万円（※）と言われています。エンジニアで英語ができる日本人のなかから、すでに海外の企業で働いている人も出てきています。

石田　そうなると、親世代もこのままじゃいけないと動き出すでしょうね。

小宮山　やはり時代の変化には企業のほうが敏感なので、動きも速いです。海外ではすでに、テクノロジーを知ることが社会を知ることとイコールになりつつあるので、エンジニアの技術力の高さが有利な就職とも直結しているんですね。反対に、

職種別の年収平均とスキル標準レベル

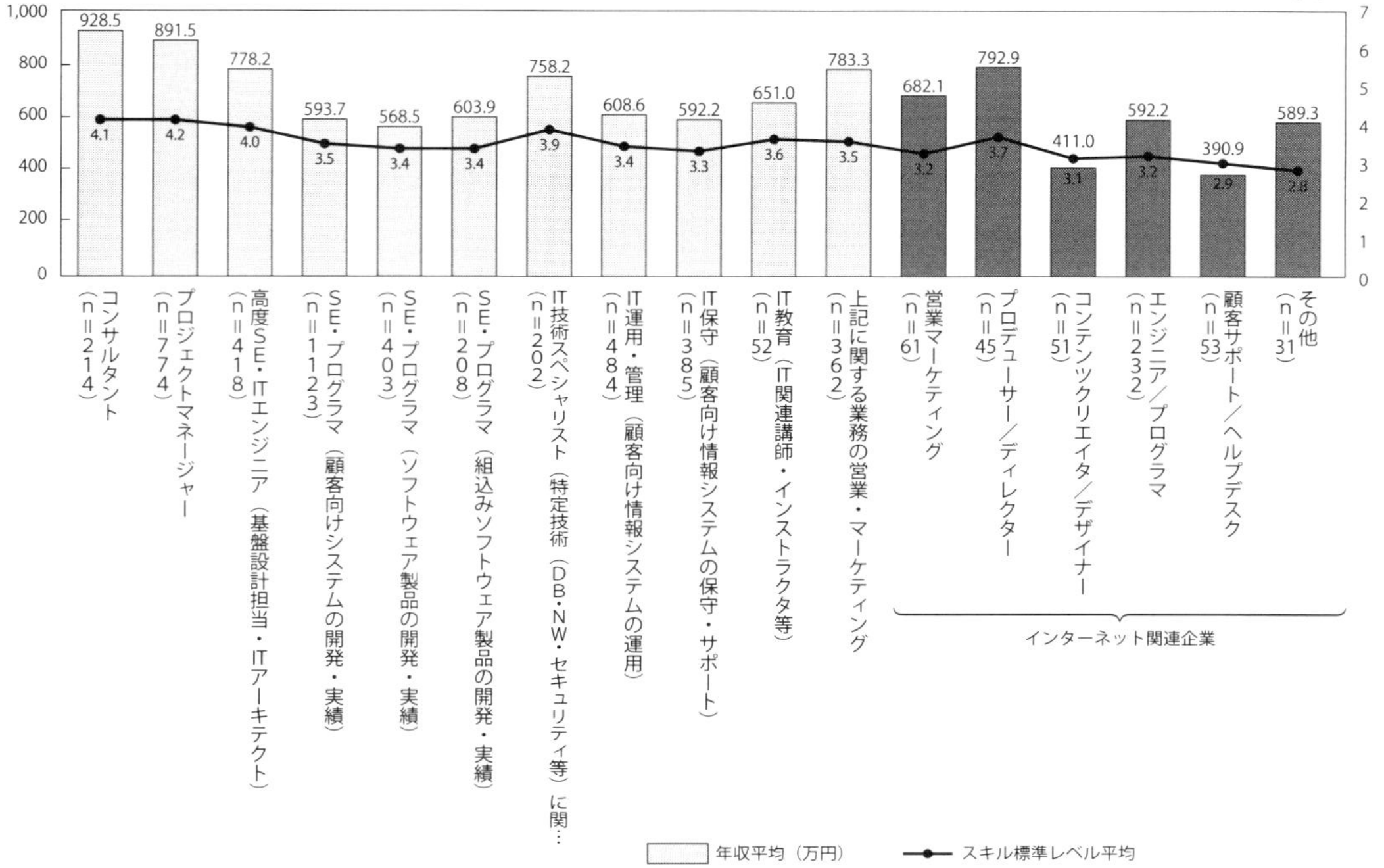

テクノロジーがわからない人間は社会の流れについていけないため、企業が求める人材ではなくなってきているんです。

石田　つまり日本では、ものすごく速いスピードで進んでいる産業と、まったく進化していない教育の隔たりが、急速に広がってきているということですね。

※参考資料：ハフィントンポスト日本版２０１５年6月15日付配信記事「グーグルはなぜ新入社員に１８００万円の給料を払うのか?」より。

民間企業も教育投資に積極的な中国

石田　日本の大学は世界ランキングが落ちているだけでなく、海外の大学へ留学する学生も減ってきていますからね。

小宮山　そのことを痛感した出来事がありまして。昨年のはじめにアメリカへ行ったときに、ボストンにあるレズリー大学を訪れたんです。そこの敷地内にあるバンク・オブ・アメリカのＡＴＭを利用したら、10カ国語ほど多言語対応しているＡＴＭの表示に日本語がなくなっていたんですね。10年ほど前は確実にあったので、大学の先生に理由を聞いたら、「日本人の留学生が減ったからじゃない？」とはっきり言われました。

石田　逆に中国、韓国、インドの留学生が増えていますよね。

小宮山　彼らはおそらく、勉強だけが目的ではないんですよ。留学先で世界のトップリーダーになる人材とつながっておくと、社会人になった後、どこの国で働いていても一次情報がすぐ手に入るので、その効用は大きいと思います。

石田　これだけ情報のスピードが速い時代になると、まだどこにも公表されていない一次情報を拾えることは、ビジネスをするうえで最大のメリットになりますからね。

小宮山　アメリカの大学に留学している中国人と話をしたら、中国の大学のトップノッチ（最優秀学生）は、北京大学や清華大学に通いながら、オンライン学習でスタンフォード大学やバークレー大学の学位を取っているそうなんですね。デュアルディグリープログラム（2つの学位が取れる制度）を利用しながら、スタートアップの準備をしている学生もいるそうです。その話を聞いたとき、「日本は100周遅れている！」と思いました。

石田　私が全国各地で主宰している「Mama Café」というカフェスタイルの子育て勉強会を、中国人ママを対象に開催したことがあったんですね。悩みの内容は日本人ママと同じでしたが、子どもの教育に対する熱意は非常に高くて、日本のママ以上でした。さらに特徴的だったのは、行動が早いこと。質の高い教育への投資もさることながら、時代の先を見た教育、例えば留学やテクノロジーに関わる教育に投資するスピードが速い傾向に驚きました。

小宮山　私もそれは現地を視察した時に感じました。最近、一番話題になったのは、中国の科学研究論文の数が、コンピューター科学や化学など4分野で世界トップになったことです（※）。今や時代は、「米国1強」ではなく「米中2強」になって、日本は5〜6位をウロウロしている状況です。米国立科学財団が昨年初めに発表した調査では、科学・工学分野の中国の論文数が米国のそれを追い抜いたということで話題にもなっていました。

石田　中国がアメリカを追い抜いたというのは驚きですね。人口の規模や構造が異なるので単純な比較はできませんけど、中国の一人勝ち状態になるのは時間の問題でしょう。

小宮山　中国では、教育や研究領域への民間企業の投資熱も高く、アリババやバイドゥ、テンセントなどのテック系大企業が、毎年、何千億という単位で投資をしています。そこも日本との大きな違いですね。

※参考資料：２０１７年6月12日付日本経済新聞記事より。「技術革新の源泉となる科学研究論文で、コンピューター科学や化学など4分野で中国が世界トップにたったことが文部科学省所管の科学技術振興機構の調査でわかった。」

石田 日本に、そこまでの投資をする企業はないですよ。

小宮山 中国の子ども向け英語オンライン学習の最大手「VIPキッド」も、売上げが16年の151百万ドルから、17年には5倍の758百万USドルを超えると言われています（※）。また、どの教育分野でも生放送の動画授業がとても人気です。英語もネイティブの先生の授業を家庭で、オンラインの生放送で受講するのが、今は中国の教育で一番のトレンドですね。

石田 中国は面積が広いから、オンラインはそれをカバーする最適なツールですね。しかもバックグラウンドには、さきほど話したように親が質の高い教育を求める傾向があるので、オンライン学習が急速に拡大する理由もよくわかります。加えて、日本の10倍以上の人口を持つ国であるため、一定の需要さえあれば、教育サービス産業は拡大しやすいのでしょうね。

小宮山 中国が強い理由は、やはり人口の多さです。オンライン学習で使用しているAIは、使う人が多ければ多いほどデータがとりやすく、分析の精度が高くなります。その分析のフィードバックによって、より良質なサービスを提供できるようになるんですね。機械翻訳で日本語訳の精度が低いのは、単純に使っている人数が少ないからです。中国はその点、AIの活用においても非常に有利なんですよ。

石田　そういう意味では、中国はこのテクノロジー時代において優位に立ちやすい位置にいると言えるでしょうね。ただ、日本でもテクノロジーに対する理解が進めば、同様の発展の可能性はあるとは思います。いつ理解するかという問題はありますが。

小宮山　中国では、政府が政策についてこうすると決めたらその通り遂行できてしまう。そのことも、ＡＩ領域において中国を有利な立場にしていますね。他の国でしたら、関係団体等からの反対でそう簡単にはできません。

※参考資料：２０１７年に発行された中国の教育メディア『JMDedu』記事「２０１６年に１５１百万ドルの収入から、２０１７年には７５８百万ドルを超えると言われている」より。

AIで留年対策。100％就職できるオンライン学習も

小宮山　アメリカの大学では、学費削減にAIを活用している例もあります。アメリカの大学は学費の高騰化と留年の多さが大きな問題になっていまして、奨学金を借りている学生は卒業と同時に1000万円、2000万円の借金を抱えるケースも少なくないんです。

石田　なぜ留年する人が多いんですか？

小宮山　自分に合わないカリキュラムを間違って選んでしまうというのも理由の一つと言われています。そのため4年で卒業するつもりが、単位取得できずに2年留年して、卒業まで6年かかる学生が60％ほどいます。そこで、大学に入学した時点で学生の学力や得意分野をAIが分析して、その人に合ったカリキュラムをレコメンドする取り組みをはじめているんです。

石田　そこまでAIが人間にとって有用な存在になってくると、AIは人間の敵と

いう考え方自体が最大の敵、と言っても過言ではないですね。

小宮山　日本では、受験する大学を偏差値の高さやネームバリューで選んで、大学合格を勉強のゴールだと考える学生や親が多かったんですよね。今も多いかもしれませんが……。でも本来は、大学選びの前に、自分が好きな分野があり、やりたいことがあり、学びたい先生がいて、そのためにこの大学のこの学部に入りたい、と考えるべきなので。

石田　逆算の発想ですよね。以前、視察に行ったドイツの大学の学生も、就職先を前提に大学や学部を選んでいました。ところが日本の学生は、就活で何十社も受けた中から、たまたま受かったところを選んで入社するケースが大半ですから。

小宮山　大学時代に勉強していた分野とはまったく関係のない仕事をしている人も多いですからね。

石田　進路や職業を選んでくれる「スタディサプリ」の話にもありましたけど、AIが自分に合ったカリキュラムをレコメンドしてくれて〝才能の見える化〟ができれば、進路や職業の選択ミスや無駄な勉強の問題はかなり減りますよ。

小宮山　自分が学びたいテーマを主体的に学べるという意味では、世界最大規模のオンライン学習、「ムーク（MOOC）」も画期的なサービスですよね。世界の名門大学をはじめとしたトップ校の公開講座が、オンラインで受講できて、修了条件を満たすと修了証が取得できるというもので、ほぼ無償で受講できる講座もあります。

石田　「ムーク」はよく知っています。これは「どの大学で学ぶか」という世界から、「誰から学ぶか」という世界への転換を実現したサービスですよね。アイビーリーグの大学（※）が「ムーク」に脅威を感じて、大学の機能とは何なのか？　ということを考えているという話も、教育関係者の間では、結構、知られています。

小宮山　「ムーク」公認のプラットフォームも多数あるのが特徴ですが、その中で最近、面白いと思ったのは、アメリカの「エデックス（edx）」というオンライン学習サービスです。ある特定のコースを修了すると１００％職が与えられるというもので、もし万が一、職を与えられなかった場合は、学費を全額返金するシステムなんですね。

石田　それはすごい！　まさに学業と仕事が直結しているわけですね。ゆくゆくは、中高生の将来やりたい職業に合わせたオンライン学習サービスも出てくるかもしれませんね。ところで、海外の小学生向けのオンライン学習では、どういうものが人気なんですか？

小宮山　子どもだけでなく、教師が授業の宿題としても利用している「カーン・アカデミー（Khan Academy）」が人気ですね。動画コンテンツが充実していて、あらゆる教科を網羅しています。わかりやすいので、大人でも見ている人が多いようですね。インドネシア、フィリピン、メキシコでは、「スタディサプリ」の海外版「Quipper」も、３００万人ほどのユーザーがいます。ただ、あらゆるオンライン学習サービスが雨後の竹の子のごとく登場していますので、追い切れないというのが実情です。

石田　そういうお話を聞くと、日本との温度差を感じずにはいられませんね。

※アイビーリーグ：ハーバード、イェール、コロンビア、プリンストンなど、アメリカの名門私立大学8校の総称のこと。

デジタル化の普及スピードが驚くほど速い発展途上国

小宮山　インドネシアはまだ教育におけるテクノロジーの活用がはじまったばかりですが、現地を訪問してその普及スピードの速さに驚きました。私が訪れたのは、幼稚園から高校まで一貫教育をしているイスラム系の私立学校ですが、紙の教科書はほとんどありませんでした。その代わり、デジタル化された教材を使用していて、それが私立校の標準だということでした。

石田　日本は、２０１８年2月にやっと、デジタル教科書を正式な教科書として位置づける学校教育法改正案が閣議決定しました。施行予定は、２０１９年4月からです。

小宮山　もともとインフラがなかった途上国のほうがテクノロジー導入に柔軟で、採用スピードも速いという皮肉な現象が起きているんですよね。その学校でも「Quipper」を導入していて、家庭でも積極的に利用している子どもが多いそうです。同校の先生は、「子どもたちは私たちと違い、デジタルネイティブ。教育も新しく変わっていかなければいけない」と話されていました。

石田　「Quipper」は学校の授業の補完として利用されているんですか？

小宮山　そうです。「Quipper」イコール「宿題」という意味でとらえられていました。

石田　国が施策としてやっているんですか？

小宮山　国がテクノロジー活用教育を主導しています。インドネシアやフィリピンでそこまでオンライン学習が普及したのは、交通事情の問題が大きいんですね。特に、交通渋滞がひどく通塾が難しい子どもや、経済的に貧しい子どもにとっては、テクノロジーが地理的、経済的な教育格差を縮小してくれるツールになっているんです。

石田　確かに、そういう子どもたちにとっては、オンライン学習は助かりますね。

小宮山　アフリカのルワンダも途上国で、80万人の大虐殺があった国ですが、今ではアメリカのカーネギーメロン大学のブランチキャンパスができているほど、ＩＴ教育が盛んになっています。ルワンダ政府は、アフリカのシンガポールになると公言していて、紙幣にもプログラミングしている子どもの姿が印刷されています。カタールにもカーネギーメロン大学のブランチキャンパスができていますね。

石田　東大のブランチなんてないですよね。

小宮山　ありません。かなり前から中東、アジア、アフリカに、欧米のトップ校のブランチキャンパスができていて、その多くは政府が支援しているので、本校に通うより割安でコンピューターサイエンスの学位が取れるという話も聞きます。

石田　日本では、東京大学が最高峰だと思っている親が多いけど、海外ではもはや話題にもならないんでしょうね。

小宮山　コンピューターサイエンスの世界最優秀大学ランキング（※）では、東大は91位ですから。日本は物理やロボット工学は強いのですが。

石田　基礎学力は高くても、専門的なジャンルになると弱い。今までの日本の教育の結果を象徴していますね。何を覚えたかより、何ができるようになったのか？という視点の転換の必然性を物語っていますね。

※世界最優秀大学ランキング：アメリカのメディアU.S. News & World Report発表。

世界屈指のIT大国エストニアの教育事情

小宮山　エストニアの教育事情も印象的でした。エストニアは人口が130万人ほどの小国で、1991年にソ連（現・ロシア）から独立した新しい国です。その首都のタリンにIT研究所があったので、経済の柱の一つとしてIT教育に力を入れながら、IT先進国を目指してきたんですね。私がエストニアの学校を視察したときは、小学1年生の91％以上がスマホやタブレットを持っているということでした。高学年の子はパソコンを持っている子もいましたね。

石田　自分が使いたいデバイスを自由に持ちこんでいるんですね。

小宮山　小学3年生の授業を見学したときは、二人一台でタブレットを用いてプログラミングを学んでいました。パソコン室にはレゴ社の教育ロボット「マインドストーム」があって、壁にはQRコードが貼られていました。タブレットなどでそれを撮影すると「パスワードはなぜ必要か？」といったクイズから宝探しをするような工夫もされていましたね。

石田　動画を使った授業もあるんですか？

小宮山　中学2年生の音楽では、教室の前にあるホワイトボードに、オーケストラの演奏がユーチューブで映し出されていました。その様子を見ながら、楽器の演奏方法について授業が行われていましたね。

石田　デバイスは休み時間も自由に使えるの？

小宮山　そうみたいですね。廊下を歩いていると、小学生の子どもたちが休み時間中に、スマホやタブレットを触りながら絵を描いている様子がよく見られました。子どもに聞いてみると、家から持ってきたスマホでユーチューブの動画を見ながら絵を描いていると教えてくれました。

石田　子どもたちはデジタルネイティブだからすぐに慣れるでしょうけど、中高年の先生は、テクノロジーに弱い方もいるでしょう？

小宮山　やはり高齢の先生はどこの国も同じで、パソコンやタブレット操作に弱い方が多いです。

石田　そういう先生方は、どのようにしてテクノロジー活用教育に関わっているのですか？

小宮山　エストニアには、パソコンやタブレットの操作で何かわからないことがある場合、問い合わせできるウェブサイトがあります。但し、そこでは電話による受付を一切していないので、わからないことはすべてウェブ上で質問して解決するように、教員たちに仕向けているんですね。

石田　そうなると、いくら苦手でもゼロからやらざるを得ないわけだ。

小宮山　そうです、やるしかないんです。でも日本はまだ、電話で問い合わせられますし、わかる人がわからない人に教えてあげることもあります。そういう方法が用意されていると、自分で覚えなくてもなんとかなるさ、と思ってしまうんですよね。

石田　誰かが助けてくれると思うと、追い詰められませんからね。誰の助けもなく自分でやって覚えるしかないと覚悟を決めないと、必死になりませんから。

小宮山　そのぶん、電話のオペレーターや教えてくれた人の人件費がかかるわけですが、それでも日本には、「できない人のレベルに合わせる」文化が根強く残っているわけです。

石田　かといって、できない人を放ったらかしにするわけにいかないと考える人もいるから、難しいところですね。

小宮山　ただ、もともとテクノロジーに詳しい人でない限り、どの国も年輩の先生はわからないことのほうが多いです。むしろ、子どもたちのほうがタブレット操作に慣れるのが早いので、大人が教えられることも多いという話もよく聞きます。子どもたちから「授業でこういう風に使えるんじゃない？」と提案されることもあるという話はよく聞きます。それで良いと思うんですよね。分からない部分は子供に聞くということで。

石田　勉めを強いる「勉強」をさせてきた従来の日本の教育では、ありえない話ですよ。

小宮山　日本と違って、海外の学校は先生の裁量権が柔軟なので、生徒の希望も受け入れやすいんですよね。カリキュラムも自由に組めるからできることだと思います。

石田　一斉授業が基本の日本の学校とは対照的ですよね。2020年からはじまる教育改革で、公立学校の授業形態にアクティブラーニング（主体的・対話的で深い学び）が取り入れられますが、形式の問題というよりも、その国の伝統、文化、思想の問題という印象を受けます。どういう人間を育てようとしているのか？という根本的な問題ですね。

VR／AR／MRによる教育効果

小宮山　テクノロジーの活用によって学びが楽しいものになり、社会と連動するという意味では、「VR（仮想現実）」「AR（拡張現実）」「MR（複合現実）」（※）も、大きな役割を果たすようになると思います。VR・ARをどういう場面で使うかというと、社会見学で行けないところや、たとえば難民キャンプの現場をVR映像で〝疑似体験〟して、それをふまえて戦争とは何か？　を生徒同士でディスカッションするような授業の例はよく聞きます。

石田　日本の学校現場は、まだまだ全然、関心がないですよね。

小宮山　ビル・ゲイツは、VRを用いた教育の可能性について、「VRを通じて

※VR、AR、MR：VRは、映像の世界（仮想現実）に実際に入り込んだかのような体験ができる技術。ARは、「ポケモンGO」のように現実の世界に仮想の世界を重ねて「拡張」する技術。MRは、現実世界と仮想世界をより密接に融合させ、バーチャルな世界をより複合的にリアルに感じることができる技術。

もっとそれ自体に興味を持ってもらえる。デザインやエンジニアリング等の教育現場において、ＶＲは実用的な役割を担うことができるだろう」と言っています。

石田　体験はとても大事です。私もこの前、歴史好きの息子が世界遺産の八幡製鐵所を見たいと言うので、家族で見に行ったんですよ。

小宮山　ヘリに乗って上空から見ていて、すごく楽しそうでしたよね。

石田　そうそう。せっかくだからと思って奮発して。あのヘリに乗る前に、現地でやっていた無料のイベントに参加したんです。そしたら、ＶＲで明治時代の八幡製鐵所の映像を見せられて、バーチャルな空間で製鉄所に入っていきながら解説を聞いて、ものすごくリアリティがあって面白かったですね。ただ、装具がかなり大きくてゴツかったから、あれがもっとメガネみたいに軽くて小さくなったら普及するだろうなぁと思いました。

小宮山　私も昨年のはじめ、アメリカのサンタクララで開催された世界最大級のＸＲ（ＡＲ／ＶＲ／ＭＲの総称）のイベントに参加したとき、面白い体験をしました。まるでその場にいるかのように全身でバーチャル空間に入れる、クアルコム（Qualcomm）社が紹介していた未来の学びです。たとえば、エジプトの古代史の授業でピラミッドについて学ぶ際、３Ｄオーディオ（※）や４Ｋ対応グラフィック

（※）が使われた広い空間で、より実物に近い体験ができるようになっているんですね。その次の段階が、全身のトラッキングで、ピラミッドの中を友人たちと歩きながら学べるようになると言われているんです。

石田　単に講義を聴くだけの学びよりも、体験型の学びの方が圧倒的に教育効果が高いんですよね。ただ、アナログの体験をするとなると、実際にそこに行かなくてはなりません。もちろんそれが一番効果的ですが、時間と費用の問題もあるため限定的です。でもテクノロジーの力を借りれば、アナログほどではないにしても、通常体験できない世界に身を投じることができる。それが大きな刺激となって、学びのきっかけになることもあるでしょう。そういう意味で、テクノロジー時代の学習におけるバーチャール空間の位置付けは無視できないでしょうね。

小宮山　ＶＲを教育分野で活用する例で話題になったのは、２０１５年にニューヨークタイムズが購読者１００万人以上に、グーグルのCardboardのＶＲゴーグル（スマートフォンをはめ込んで使う段ボール製のゴーグル）を無償提供して、専用アプリからコンテンツを視聴できる「ＮＹＴ　ＶＲ」を立ち上げたことです。

石田　どういうコンテンツを提供したんですか？

小宮山　最初のコンテンツは、難民の子どものドキュメンタリーで、視聴者は、南スーダン、ウクライナ、シリアの3人の難民の子どもの日常生活を仮想体験することができるというものです。

石田　テレビでそういうドキュメンタリーを見ても、影響を受けますよね。涙を誘うものもあります。それがVRで体験できるようになったらもっとリアルに感じるでしょうし、共感度も増すでしょう。問題意識も高まるかもしれませんね。

小宮山　私も体験したことがありますが、自分もその世界にいるような錯覚を起こすほど没入感があるので、単に映像を見るだけの感覚とはまったく違うんですよ。

石田　時間とか空間の障壁がなくなるわけですね。

小宮山　そうなってくると、リテラシーや価値観も変換が必要になってくると思います。海外ではそういう動きも出てきていますが、タブレット学習さえまだ浸透していない日本では、まだまだ先の話になるかもしれません。

※3Dオーディオ：音を録音・再生する際に三次元的な音の方向や距離、拡がりなどを再現する立体音響。

※4Kグラフィック：約4000×2000（＝800万）画素がある画面解像度に対応したモニターに、画像や映像を映し出すグラフィックボード。

第三章

日本のテクノロジー活用教育はこれからどうなる?

【国内×新しい学び】

テクノロジー活用教育〝発展途上国〟日本

石田　日本はなぜテクノロジー活用教育の分野で、これほど世界に後れをとってしまったと思われますか？

小宮山　これは私の個人的な考えですが、これまで日本は、知識詰め込み型の教育を続けてきて、ある意味「成功」してきたからだと思います。特に小・中学生の基礎学力の高さは世界的にも評価されていて、OECD（経済協力開発機構）が3年に一回行っているPISA（学習到達度調査）でも明らかです。直近の2015年の日本の順位は「科学的リテラシー」が2位、「数学的リテラシー」は5位ですから。

石田　基礎学力をつける教育は、間違っていたわけではないんですよね。

小宮山　そのため、今までの教育で失敗したわけではないのに、なぜテクノロジーを使う必要があるのか？　という疑問が、学校関係者のなかに根強くあるように感じています。

石田　知識習得型の教育を土台に経済成長して、国力を高めてきた日本は、今のところ何ら困っていないわけですよね。ただスマホが登場した10年前から、社会が一変しました。ビジネスも遊びも、すべてこの手のひらサイズのスマホに集約されて、ライフスタイルが変わってしまった。画一的な教育で大量生産された人材は、同じものを正確に大量に作る工業社会では役立ちましたが、そういう仕事もＡＩに代替される時代になりました。

小宮山　その代わり、今までにない新しい仕事がどんどん増えていくはずです。最近のイギリスにおける仕事の需要予測調査では、今後20年ＡＩに代替されるものと同じくらい新しい職が生まれるとされています。ただ、産業ごとに「勝ち組」と「負け組」が出てくる。前者は、ヘルスケア、科学技術、教育等の分野。後者は、製造、物流、行政等です（※）。

※参考資料：「AI will create as many jobs as it displaces - report」２０１８年7月17日付ＢＢＣニュース記事より。

※イギリスにおける仕事の需要調査の参考資料：PwC（PricewaterhouseCoopers）というコンサルティングファームが発表したイギリス経済の今後の動向に関するレポート「UK Economic Outlook」より。

石田　歴史における人類の産業の転換期を振り返ってもわかるように、今回も同じような傾向をたどることになるでしょうね。ですから、今までの知識詰め込み型教育だけでは、自分の頭で考えて自ら行動し、未来を切り拓いていく人間を育成できないと文部科学省も危機感を持ったんでしょう。でも明治維新から150年続いてきた学校教育の形態は、そう簡単に変えられるものではありません。いくら時代が変化したといっても、10年というのは日が浅いんですよ。むしろ、前例や伝統を重んじる日本がたった10年で大規模な教育改革を決めたのは、早いほうなんじゃないかと思っているほどです。

小宮山　日本と対照的なのが、先ほどお話ししたエストニアです。すごく小さな国で91年に独立したばかりなので、新しいことをやりやすいんですね。東南アジアやアフリカの例もそうですが、もともと国力も経済力もなかった発展途上国のほうが、危機感が高いぶん改革が早いですし、新しい政策も普及しやすいようです。

石田　日本が経済大国になってしまったがために、その成功体験に甘んじて教育で後れをとってしまったとも言えるでしょう。

小宮山　教育に限らずＡＩそのものの研究でも、日本はかなり後れをとっています。中国とアメリカが世界2強で、下のほうでドイツや日本がウロウロしている感じですね。

石田　日本がテクノロジーを使って開発したもので、世界で人気の商品って何かありますか？

小宮山　そう聞かれると、任天堂のゲーム以外、私は特に思い浮かびませんね。実際、アメリカのＡＩ関係のカンファレンスに行っても、「Japan」と付いているものはあまり人気がなく、「China」と書いてあると、人がどっと押し寄せるというような風景を目にするほどです。

石田　20年前は考えもしなかった状況ですよね。

小宮山　リクルートは２０１５年４月にシリコンバレーにＡＩ研究所を設立しました。リクルート以外でもＡＩ研究所を設立している企業はあり、各社で持っているデータを活かせないか思案しているところだと思います。

先生の働き方改革をしなければ何もはじまらない

石田　日本も安倍首相のトップダウンで、２０２０年から小学校でプログラミング教育が必修化されますが、Wi-Fiやタブレットの環境整備の問題の他に課題はありますか？

小宮山　課題は、２つあると思っています。まずテクノロジーを使ってどういうことができるのか？　ということが、現場の先生方の中で腹落ちしていないことです。そこをクリアするには、かなり時間がかかるのではないかとみています。

石田　プログラミングなんて、教えてもらったことがない先生がほとんどですからね。

小宮山　もうひとつは、これは日本だけの特殊ケースですけれども、先生の過重労働の問題があります。日本の学校の先生は、部活の顧問、報告書の作成、保護者対応や生徒の進路指導と、授業以外にやることがとにかく多い。そのうえ英語や道徳の教科も追加されて、さらにプログラミング教育も導入されるとなると……。

石田　優先順位の高いものからやっていくしかないですよね。

小宮山　そうなると、点数がつかないプログラミングは、何をどう指導すればいいかわからない先生も多いと思うので、後回しになる可能性が高いです。

石田　私はよく学校の先生向けの研修もしていますが、早朝から夜遅くまでやることが多すぎるという話を聞くたびに同情しています。学校と家庭との連絡も、ほとんどの学校はいまだに電話や書類でのやりとりですからね。

小宮山　先日びっくりしたのは、自宅のポストに担任の先生から「住所を確認しに来ました」というお手紙が入っていたことです。自分が担当しているクラスの生徒の家庭を、一軒一軒まわって確認しているんですよね。そういうことまで先生がやっている例は、海外では聞いたことがありません。

石田　公立の学校は、連絡網や情報共有のインターネット使用に抵抗がありますからね。保護者の誰かが使えない、使っていないとなると、そこに合わせる文化が根強くあるんです。

小宮山　保護者にも、あえてアナログなやりとりを望んでいる方が多い印象を受けます。そうすると、メールで書いて送れば済む連絡も、いちいち書面を作成してコピーする労力もかかります。そういう細かい雑務も含めてやることが多すぎる。文科省の教員勤務実態調査によると、公立中学校の6割の先生が過労死ラインという調査データも出ています（※）。

石田　私はかつて中高一貫の私立学校の経営者もしていたので、間近で先生方の忙しさを見てきました。話を聞いてみると、この10年でかなり忙しさが変わったと言っていましたね。とにかく、書類が多い、作成物が多い。その結果、子どもたちと向き合える時間が年々減ってきました、と。

小宮山　ですからまずは、先生の負担を減らして、働き方改革をしなければ、いくら教育改革を進めても中途半端で終わってしまうのではないかと懸念しているのです。

石田　私も、そこが一番大きな問題だと思っています。

※参考資料：２０１７年4月28日付毎日新聞「中学教諭、６割近くが『過労死ライン』」より。

テクノロジー活用教育を推進している学校も

小宮山　そんな中、テクノロジーを活用した教育を進めている学校が増えてきているのも事実です。例えば、佐賀県武雄市は、２０１４年から小学校にプログラミングの授業を導入しました。それから3年経った２０１７年に、同市山内西小学校を訪問したとき、3年生が「夢のロボットを動かそう！」というテーマで発表をしていたんですね。子どもたちは、自分が考えた夢のロボットのイメージを決めて、それを絵に描いてタブレットに取り込んでいました。

石田　プログラミングを文字で行うのではなく、図形やブロックなどの視覚表現で行うビジュアルプログラミングの授業ですね。

小宮山　どうすればその夢のロボットを作れるのか、プログラミングで試行錯誤を繰り返しながら学んでいくわけです。中には、「疲れているお母さんを休ませてあげたいから、料理ロボットをつくりたい」という子どももいて、ぐっときました。

「失敗したけれど最後にはよくできた」と感想を述べた子もいて、プログラミングの特性をよく表しているなと感じましたね。

石田　先生もプログラミングを学んで指導しているんですか？

小宮山　２年生の一部と３年生の授業は、プログラミング教育に情熱を注いでいるディー・エヌ・エーの南場智子さんが実証研究も兼ねてエンジニアを派遣していました。

石田　そういう専門家がサポートしてくれると心強いですね。

小宮山　南場さんにも取材したことがありまして、１年生からプログラミングをやらせる理由を聞いたら、単純に「吸収が速いから」とおっしゃっていました。また、子どもが小さいうちは、自分でプログラミングしたキャラクターが動くだけで、「うわ！　動いた！」「自分でもできた！」と感激します。そういう歓声や感動と学びのスピードは比例するので、できるだけ早い年齢からプログラミングを体験させるほうがいいと。

石田　子どもに学びが楽しいと思わせることほど難しいことはないので、その点、プログラミングはよいきっかけになる可能性はありますね。

小宮山　それと日本人は、人前に出て話すことが苦手ですよね。ところが、学校で子どもたちにタブレットを使って何かやらせると、「自分が作ったものをみんなに見せたい！　発表したい」と言う子が多いんです。

石田　ただ楽しくて、勉強だと思ってないから、間違えたらどうしようというようなプレッシャーもきっとないんでしょうね。

小宮山　保育園でタブレットを使った教育をしているところもあります。鹿児島県鹿屋《かのや》市にある「つるみね保育園」は、「9割のアナログ保育と1割のデジタル保育」を提唱して、学習デジタル教材コンクールで文部科学大臣賞を受賞しました。空港から車で1時間半の緑豊かな地域にあるこの保育園では、「過疎地だからこそ時代の今を知るデジタル保育を」と、園に一台あるiPadを月に数回15分ずつ活用しているんです。

石田　15分でどんなことをしているのでしょうか？

小宮山　カリキュラムはいろいろですね。オンライン学習で外国人とのコミュニケーションを楽しんで、英会話力向上をめざすものから、郷土料理の食材を用いた食育、各家庭から届いた写真をもとに園児がプレゼンする発表会など、多彩です。

石田　面白がったり楽しんだりできる「遊び」の要素が多いですね。子どもが主体的に学びに向かうためには、この「遊び」が特に重要なのですが、今までの学校教育にはありませんでした。そういう学習スタイルがタブレットを活用することで実現すれば、21世紀型能力を育む経験の幅が広がっていくでしょうね。

発達障がい児や過疎地の子どもたちもテクノロジー活用教育で成績アップ

小宮山　同じく過疎地の例になりますが、島根県隠岐郡海士町では公立の学習塾センターを設置して、そこに通えない離島に住む子どもたち向けに「ギガキャスト」（※）という遠隔授業システムを使って配信していました。子どもたちはパソコンやiPadを使って、月数千円程度で遠隔授業を受けられるため、遠くの塾に通う必要がなくなったと言っています。そういった地理的教育格差をなくす取り組みに魅力を感じて、海士町に引っ越してくる家族もいるということでした。

石田　過疎化や少子化による学校の統廃合で、遠方の学校や塾に通うのが大変な子

※ギガキャスト：ITを活用した学習コンテンツの開発を目的として設立されたロゴスウェア株式会社が提供する動画配信サービス。遠隔授業や企業説明会など、ライブの動画配信に特化したシステムで、録画した動画を配信する機能もついている。

どもたちにとっては、遠隔授業という取り組みはありがたいですね。

小宮山　特別支援学級で、デジタル教科書を使った学習支援をしている学校もあります。岐阜県多治見市立養正小学校では、発達障がい児や外国人で通常学級の授業についていけない児童に対して、デジタル教科書を使った学習支援をしています。一人ひとりの進度に合わせた個別学習によって児童の集中力が格段にあがり、先生も個別の支援をしやすくなったそうです。

石田　私は発達障がいや不登校の子が通う広域通信制学校の副理事長もしていますが、そこで出会う発達障がいがあると言われる子どもたちには、驚かされることばかりです。特定の領域でずば抜けた才能を発揮する、天才型の子どもたちがたくさんいるんですね。こういった子どもたちがもっと世の中で活躍できるように支援すれば、日本のイノベーションも早く起こるのではないかと思っています。このような子どもたちは、文字よりビジュアルのほうが理解しやすいケースも多いので、テクノロジーとはとても親和性が高い。ですから、タブレット学習はまさにピッタリかもしれません。

小宮山　普段、落ち着きがなく集中して勉強に取り組めない子でも、タブレットを使った漢字ドリルをやらせたら15分集中できた、というような話もよく聞きますね。

プログラマーには、アスペルガー障がいやＡＤＨＤの人も多いと言われていますので、そういう子どもたちの可能性の芽を見つけるうえでもプログラミングは効果的だと思います。

プログラミング教育実施校は年々増加

石田　そういう意味では、テクノロジーがどんな人間にも平等にチャンスを与えてくれる世界になるかもしれませんね。何かひとつでも得意なことがあれば、それで活躍できる世界は理想です。

小宮山　品川区立京陽小学校も、２０１４年からプログラミング学習に取り組んでいます。他にも、「レゴ® WeDo2.0」（※）を利用して実験的な授業を展開している筑波大学附属小学校、文科省プログラミング教育実証校の立命館小学校もプログラミング教育に積極的ですね。取り組み方は、専門家のサポートを受けているところ、基本的に先生方が授業を組み立てているところなど、学校にもよります。

石田　「スタディサプリ」も、渋谷区長が区立の全小中学校に導入して話題になりましたよね。

小宮山　渋谷区は、予測不能な時代を生き抜くための21世紀型能力や、日本だけでなく世界で活躍できる人材を育成することを目指して、新しい教育環境『渋谷区モデル』を導入しました。その一環として、区立の全小中学校の児童・生徒・教師約

8000人に一人一台ずつタブレットを貸与し、「スタディサプリ」で子どもたちがいつでもどこでも学べる学習環境を整備したそうです。

石田　まさにトップダウンだ。

小宮山　昨年5月からは、大阪府寝屋川市でも、市内全中学生5000人、小学5、6年生の希望者1300人が、家庭で「スタディサプリ」を利用できる学習支援をはじめました。

石田　首長がテクノロジー活用教育に積極的な自治体では、今後も増えそうですね。小中学校や高校ですでに導入しているところは、今どのぐらいあるんですか？

小宮山　現在は（2018年3月時点）、小中学校で15の自治体や団体が導入。高校は、全国約5000校のうち、2353校が導入しています。

石田　高校の半分近くが導入しているとは知りませんでした。小中学校でも、今後ますます増えていくでしょうね。

※レゴ® WeDo2.0：レゴ® ブロックを組み立て動かすことで簡単にプログラミングとものづくりができる、小学生向けのサイエンス&プログラミング教材。

第四章

ゲーム好きの子には「ゲーミフィケーション」を【ゲーム×新しい学び】

〝ゲームは敵〟という昭和型の思い込みは捨てよう

石田　私に寄せられる子育ての悩みの中で、一番多いのは、「スマホ・ゲームにハマっている子どもが勉強しない」という相談です。そういう親にとってスマホ・ゲームは「絶対悪の敵」なんですね。でもスマホ・ゲームが好きなデジタルネイティブの子どもたちにとって、テクノロジーを活用した教育は親和性が高いはずなんです。

小宮山　私、子ども時代はゲーマーだったんですよ。小学生の頃にファミコンが流行った世代で、「高橋名人の冒険島」「魔界村」「ドラゴンクエスト」など、いろいろと夢中になりました。小学生の一時期、私の家が「拠点」となって、ファミコンが故障して煙が出るほど遊び続けたこともあります。

石田　煙が出るまで？　それはすごいね。

小宮山　結局、買い替えましたけど。そういう経験をふまえて誤解を恐れずに言うと、好きなものにとことん夢中になってのめり込んだ経験は、いつか必ず役に立つときがくると思うんですね。

石田　その通りです。子どもも時代に何かにのめり込む経験は、ないよりもあったほうが絶対にいい。集中力や自己肯定感も高まるから、子どもの才能を伸ばすうえで一番大事なことだと私も思います。ただ、どれだけ好きなことにのめり込んでも、ある程度満足したら飽きてやめていく子も多いんですよね。でもごく稀に、そのまま続けて将来の仕事にする子もいます。

小宮山　ゲームクリエイターになるのは、やりたいだけ自由にゲームをやらせてもらった子どもたちですよね。

石田　ですから、ここでは一概にゲームが良いか悪いかの議論はできませんが、いずれにしても親が冷静に考えるべきは、自分たちが育った頃とはまったく違う時代を子どもたちは生きている、ということです。

小宮山　学校の先生や保護者の大半は、「ゲーム」という言葉に対する拒否反応が強いので、そこのマインドセットはなかなか難しいかもしれませんが。そういう方は、ゲームは所詮、ゲームでしかないという考えなので。

石田　ゲームは、子どもが勉強をしない最大の原因、敵だと考えている親が圧倒的に多いんですよ。仮にこの本を読んで、将来、子どもの役に立つと頭では理解できても、目の前でゲームばかりしている子を見るとついイライラしてしまう。この親の関わり方についての問題は後で改めてお話ししますが、最初から〝ゲームは敵〟と決めつけて否定する古い考え方は、子どものためにも変えるべき時代になっていることは間違いありません。

小宮山　最近の調査（※）では、ゲーム好きな女の子は、大学のSTEM系学科に進学する傾向にある」との結果も出ています。その調査によれば、1週間に9時間以上ゲームを遊ぶ13歳～14歳の女の子は、そうではない女の子に比べてSTEM系の領域に進学する率が3倍とのこと。男の子にその傾向は無いようで、男の子に比べて女の子でゲームが好きな子は少ないので、一人で活動する傾向にあるというのが個人的には鍵のように思います。

※ Girls' video gaming behaviour and undergraduate degree selection: A secondary data analysis approach
https://www.sciencedirect.com/science/article/pii/S0747563218304862
2019年2月に発行予定の学術誌"Computers in Human Behavior"に掲載予定の論文。

ゲームは本来、コミュニケーションを学ぶもの

小宮山 もともとゲームは、「他者との会話のためのツール」としてはじまったものなんですね。オーストリアの哲学者・ウィトゲンシュタインが、そのようにはじめてゲームを「言語ゲーム」として定義したと言われています。それがボードゲームになったり、パソコンやタブレットでやるものになったり、ツールが多様化しただけで。本来ゲームは、相手とのコミュニケーションをはかる〝いいもの〟であるはずなんです。

石田 ゲームは本来、遊びを通してコミュニケーションを学ぶもの、ということですよね。確かに、囲碁や将棋もひとつのゲームで、ああいうものは子どもの才能を伸ばしてくれる良質なゲームだと認識している親も多いです。

小宮山 将棋の藤井聡太七段も、AIの将棋ソフト相手に練習して腕を磨いたと言われていますからね。将棋ゲームがなければ、あそこまで早く上達できなかったか

もしれません。

石田　ところが、遊びの要素が強いゲームになると途端にイメージが悪くなります。

小宮山　確かに、子どもにはやらせたくないゲームがあるのも事実です。ですから親はまず、今どういうゲームが存在していて、自分の子どもがどんなゲームに興味を持っていて、そのゲームで何か教育的効果が期待できるのか、知ることが大事だと思います。

石田　知らないものに対して、先入観だけで否定したり不安に駆られたりすることは、健全とは言えませんからね。

小宮山　40代以上の世代で、ゲームといえば「スーパーマリオブラザーズ」のイメージから変わっていない方も多いと思います。「ソーシャルゲーム」と呼ばれる一部のゲームで、未成年者への課金問題等が存在したことも、ゲームを嫌悪する方が増えた一因かもしれません。そういう方には、良質なゲームもたくさんあることをぜひ知っていただきたいですね。

昔のゲーム世代が親になる時代に

小宮山　私と同じ最初のゲーム世代が親になると、子どもにやらせてもいいゲームと悪いゲームが、ある程度はわかるはずなんです。

石田　知識や経験があるから、見分けがつくということですね。良質なゲームの条件はあるんでしょうか？

小宮山　良質なゲームは、まず子どもに配慮した作りになっています。例えば「ニンテンドースイッチ」のゲームカードはなめると苦いんですよね。誤飲しないように「デナトニウムベンゾエイト」という苦み成分が塗布されているんです。そして面白いだけではなく創造性を掻き立てられ、集中力も持続して、継続的にできるものです。そのようなゲームの考え方やメカニズムは、学びでも大いに活用できると考えられています。海外ではゲーム的要素を取り入れた学習も盛んで、「ゲーミフィケーション」と呼ばれています。

石田　ゲームとエデュケーションの融合ですね。

小宮山　ゲーミフィケーションは、テクノロジーを活用したものとは限りません。

たとえば身近なところで例をあげると、ある大手通信教育でも教育にゲーム的要素を取り入れていて、点数に応じて色のついたシールをもらえるようになっています。そのように、子どもの学ぶ意欲を継続させる工夫をしているゲーミフィケーションは、他の通信教育や塾でも今では普通に取り入れられています。

石田　私が開発した『子ども手帳』も、まさにゲーミフィケーションのためのツールです。「子どもはなぜゲームにハマり、勉強にハマらないのか？」ということがこの仕組みを作った原点です。そこで、手帳というツールを使って、そこにゲームのようにハマるキーワードを入れたのです。使い方はきわめてシンプルで、子ども専用の手帳に、

①やるべきことを自分で書かせる、
②終わったことは赤で消させる、
③消した分だけポイントにする。

場合によってはお小遣いに替えて精算する、というものです。

小宮山　お小遣いに替えられるのは、子どもも喜びそうです。

石田　このたった３つの習慣を続けることで、嘘のように子どもが自主的に学習に

取り組むようになります。しかもやるべきことをやるたびに達成感も得られて、ポイントを貯めれば貯めるほど楽しみも増えて自信もつく。親にも子どもにも、良いことずくめの手帳なんですよ。

小宮山　それは、素晴らしいアイデアですね。今まで、ゲームと教育はまったく別物として考えられてきて、むしろ敵対関係にあったとも言えます。でも実は、そういうゲーム的要素が教育の課題を解決してくれることって多いんですよね。先ほどもお話ししましたが、子どもが主体的に学ぶための2大テーマは「意欲」と「継続」です。その2つを子どもにどのように持ち続けてもらうかが一番の課題なのですが、ゲームはその2つの条件をクリアできる、もっとも手軽な方法ですから。

国がゲームの教育利用を推進するフィンランド

石田　海外で、ゲーミフィケーションに積極的な国はあるんですか？

小宮山　公教育の現場で、ゲームをもっとも積極的に活用している国の一つはフィンランドですね。フィンランドでは、ゲームという言葉自体、教育業界でとてもポジティブな意味で使われています。「学びとは楽しいもの」という考え方がベースにあるので、ゲームも学びを楽しくする最強のツールという認識が一般的なんです。

石田　フィンランドでは、授業もゲーム化していると聞いたことがあります。

小宮山　２０１６年夏に、小・中学校を対象としたコア・カリキュラム（日本で言う学習指導要領）が導入されました。そのコンセプトの一つとして、「ジョイ・オブ・ラーニング（学ぶ楽しみ）」が掲げられたんです。その実施内容を知るため、現地の幼稚園から大学まで視察した際に、必ず耳にした言葉が「ゲーム」でした。

石田　具体的には、どんな授業が行われているんですか？

小宮山　たとえば、ある小学校の授業では、教員が地図上のある地点で、「ここにある銅像を写真撮影して投稿せよ」と課題を出し、生徒たちはグループにわかれてiPadで写真撮影して提出していました。それを何カ所かクリアすることで点数が貯まる、ゲーム要素を取り入れた授業です。

石田　それは、子どもは燃えますね。

小宮山　小学2年生のクラスでは、ボードゲームでプログラミングを学び、小学5年生のクラスでは、アプリを使ってゲーム感覚で英語を学んでいました。ヘルシンキ大学で行われていた教員向け研修では、「カフート（Kahoot!）」という早押しクイズ形式のアプリを授業で扱う方法について、教員たちが学んでいました。

石田　ということは、国が積極的にゲーミフィケーションを推奨しているということですね。

小宮山　国はかなり力を入れていますね。学校現場の教員から行政トップの教育大臣まで、口を揃えてゲームを教育で活用することの効用を説いていたのが印象的でした。

石田　それに比べると日本の公教育は、まだまだ古い価値観のまま続けられていることが多い。

小宮山　フィンランド全土で利用されている、いじめ対策についてのプログラムの中にも、ゲームを用いていじめとは何かを周知させる内容が含まれていました。それほど、子どもの興味・関心を引くツールとして活用されているんですね。日本でももっと、ゲームの効用が注目されてもいいのではないかと思います。

通信教育やオンライン学習もゲーム要素を活用

小宮山　「スタディサプリ」も、学べば学ぶほど自分が選んだ「サプモン」というモンスターを育成できる、ゲーミフィケーションの機能を活用しています。「スタディサプリ」で勉強するとポイントが貯まるので、そのポイントを使ってモンスターにあげる餌を購入して育てていくことができます。

石田　ペットを育てている感覚に近いのかもね。

小宮山　できるだけ強力なサプモンを手に入れるためにもポイントが必要なので、子どもたちはポイントを獲得するために学習する習慣が身についていく、という仕組みです。

石田　ガチャもできるんですか？

小宮山　ガチャもできます。勉強をすればするほど回せるガチャが入っています。ガチャも子どもに大人気ですね。

石田　「スマイルゼミ」や進研ゼミの「チャレンジタッチ」にも、ゲーミフィケーションの要素が入っていますよね。

小宮山　それぞれ、工夫してゲーミフィケーションが入っていますよね。今の子どもたちには、そういった機能はマストになっています。「スマイルゼミ」は、課題学習に取り組んでスターを貯めると、スターアプリでゲームを楽しめる仕組みになっています。「チャレンジタッチ」も、クイズ、ゲーム、ムービーなどを使って楽しく勉強できるシステムです。ベネッセとソフトバンクの合弁会社がつくった「クラッシー」にも、ゲーミフィケーションの要素が入っています。

石田　ここまでタブレット学習やオンライン学習サービスでゲーミフィケーションが増えて、一般的になっている状況を考えると、ゲームに対する親の抵抗感も弱まってきてもいいですよね。もちろん、単に遊ぶだけのゲームと、教育的要素が大きいゲームとは、全然別ものではありますが。子どもがゲーム好きで困るというお悩み相談は本当に多いです。

小宮山　ゲームのトップブランドを誇る日本人が、一番ゲームに抵抗があるというのも皮肉な話ですよね。

石田　教育的効果がいくら高いとわかっていても、フィンランドのように日本がゲーミフィケーションをすぐ導入するとは思えません。日本人は前例や習慣を変えることが苦手なので、何十年、何百年と同じシステムでやってきた教育現場が、そう簡単に変わるはずがないと私はみているんですね。そうなると、ゲーミフィケーションを利用する家庭としない家庭の間にも格差が生まれる可能性があります。

小宮山　それはあるでしょうね。家庭に、Wi-Fiやスマホ、タブレットなどのデバイスがあって、子どもでも利用できる環境がないと使えませんから、まず環境面での差が生じます。また、無料アプリもありますが、オンライン学習もプログラミング教室もゲームも、基本的にすべてお金がかかりますから、テクノロジー活用教育に投資する家庭としない家庭、投資できる家庭とできない家庭の格差は広がっていくように思います。

石田　その点、渋谷区のように全小中学校の生徒にタブレットを貸与して「スタディサプリ」を導入する取り組みは、教育格差問題の解決策にもなります。

小宮山　今まで、子どもの受験に有利な地域へ引っ越しする家庭があるという話はよく耳にしましたが、これからは、テクノロジー活用教育に積極的な地域に引っ越す家庭も増えてくるかもしれません。

石田　ただ、テクノロジーが全てというものでもないので、考える力や自己肯定感といったベースとなる力は家庭で育ててあげればいい。しかもこれはお金がかかりません。テクノロジーは手段やきっかけという位置付けで考えれば、やがて子どもが学校や社会で使うようになっていきます。その時に活用できる力を身につければ、何も困ることはないと思います。

ゲームを授業で学べる北京大学

小宮山　昨年、中国最難関の名門・北京大学では、コンピューターゲームの選択授業がスタートしました。人気ですぐに定員に達したそうです。この授業を開設した教授は、「ゲーム産業は急速に発展しており、学生たちが将来、ゲーム業界で活躍する可能性も大いにある。授業ではゲームに関する研究、開発、業界、心理などについて学ぶ」と語っています（※）。

石田　中国でもゲーミフィケーションは盛んですか？

小宮山　ゲーム感覚で英語をはじめとした語学を学べる無料アプリの「デュオリンゴ（Duolingo）」はすごい人気ですね。中国だけでなくアメリカでも、英語だけでなくスペイン語や中国語を学びたい人が増えていて、このアプリで語学を学んでいる人はとても多いです。

石田　もし日本の民間企業がゲーミフィケーションに本気で取り組むなら、ぜひ

※参考資料：２０１８年３月31日付東方新報の記事より。

やってほしいことがあります。それは、学校の教科書を世界一のゲームクリエイターに渡して、教科書の知識をすべて学べるゲームを作ってもらうこと。もしも実現したら、絶対に売れると思いませんか？

小宮山　すごいアイデア！　あったらいいですね。

石田　きっと子どもは夢中になってやるはずだから、出てきた知識は簡単には忘れないと思うんです。よく参考書や問題集に付属のＤＶＤやゲームアプリもありますが、教育関係者が作ったものはつまらないんですよね。優秀なゲームクリエイターが本気で作らないと、子どもたちには響かない。

小宮山　ただ実現するには、莫大な費用がかかるでしょうね。一方で、今はゲームで遊んで学べる無料アプリや動画コンテンツもたくさんありますから、まずはそういうものから試してみるのもいいと思います。

石田　私が今まで指導してきた児童・生徒で、勉強ができる子どもに共通するのは、勉強も遊びだと思っているんですよね。実際にゲームを使わなくても、自分でゲームに近い学び方をして楽しんでいるんです。たとえば、昔、忍者がやっていた記憶術を調べて真似して、自分が覚えやすい工夫をする子がいたり、覚えたことを頭の中でバカバカしい劇にして記憶している子がいたり。そういうことを、誰に言われなくても自分から面白がって楽しめる子は、自然と勉強もできるようになります。

小宮山　わかります。そういう子は、他の趣味や習い事も得意だったりしますよね。

石田　そうそう。そして、先生や親が何もしなくても勝手に賢くなっていくんですよ。

小宮山　それが一番理想ですよね。

授業もゲーム化すると子どもはやる気になる

石田　勉強がつまらないだけの子は、何を教えても脳が受け付けないんですよ。ですから私は、授業で子どもたちに何か質問するときも、「これからクイズを出します！」とか、なるべくゲーム的要素を取り入れて、できるだけ面白くする工夫をずっと続けてきたんです。

小宮山　私もそういう先生に学びたかった。

石田　なぜクイズだとハマって、一問一答の問題集だとハマらないのかを考えれば、子どもの好奇心の引き出し方はすぐにわかるはずなんです。

小宮山　確かに、「問題」と言われるとやりたくないですけど、「クイズ」と言われるとやりたくなりますね。

石田　基本は全部クイズにして、「発展問題」も「バージョンアップの問題」と言い換えるんです。

小宮山　ゲーム用語もバンバン使っているわけですね。

石田　あとは、制限時間を決めてカウントダウンしたり、『子ども手帳』と同じように、できた分だけポイントを貯めさせて、自分がどこまで進んでいるのかということを可視化させることも大事です。そういう演出をするだけで、子どもたちはすぐ乗ってきてものすごい集中力で問題を解きはじめます。ですから、授業もやり方次第なんですよね。

小宮山　基本的には受け身でやる気のない子どもたちを、自らやりたくなるようにあの手この手で仕向けるわけですね。

石田　宿題も、「やってきなさい」と言うと子どもたちは「面倒くさい」と思います。仮にやったとしても、やっつけ仕事ですから効果は限定的なんです。でも、「このプリントやったらバージョンアップして次のステージに行けるけど、どうする？」って聞くと、「やります！」って返事しますから。「やらなければならない」を「やりたい」に切り替える方法は、実はゲームやクイズのエッセンスにあるんです。

小宮山　上手い誘導方法ですね。

石田　私の授業はすべて、どうすれば子どもが自ら動き出すか？　という考えが

ゲーミフィケーションを取り入れ学びの習慣化を促進

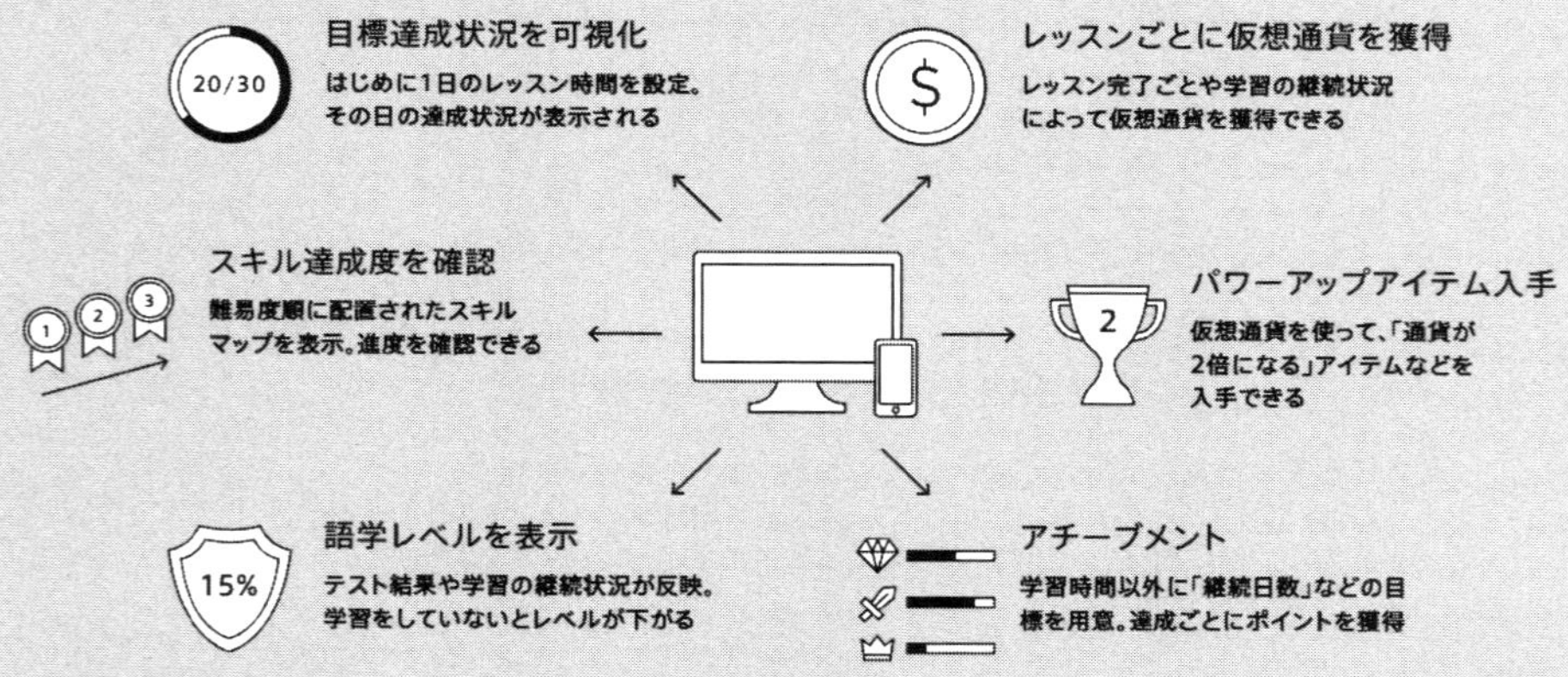

20/30
目標達成状況を可視化
はじめに1日のレッスン時間を設定。
その日の達成状況が表示される
$
レッスンごとに仮想通貨を獲得
レッスン完了ごとや学習の継続状況
によって仮想通貨を獲得できる
スキル達成度を確認
難易度順に配置されたスキル
マップを表示。進度を確認できる
パワーアップアイテム入手
仮想通貨を使って、「通貨が
2倍になる」アイテムなどを
入手できる
15%
語学レベルを表示
テスト結果や学習の継続状況が反映。
学習をしていないとレベルが下がる
アチーブメント
学習時間以外に「継続日数」などの目
標を用意。達成ごとにポイントを獲得

参考：Duolingo (https://www.duolingo.com/)

Duolingoでは1日の目標（取り組み時間）をあらかじめ設定し、その長さに応じてテストの出題数が変化する。1日ごとの目標達成状況をグラフで示すほか、ゲーム的要素が盛り込まれ、学びを楽しくしているベースにありますから。ゲームのエッセンスを取り入れることも、子どもたちの心を動かすためにやってきたことです。

※参考資料：リクルートワークス研究所「人生１００年時代×テクノロジー『創造する』大人の学びモデル」より

学習効果の高いゲームを上手に利用する

小宮山　ゲームそのものに学習効果を期待できるものもたくさんあります。世界で評されている日本のカルチャーは、アニメやマンガが注目されがちですが、実はニンテンドーや「プレイステーション（PlayStation）」をはじめとしたゲームの売上げが最大なんですね。日本のゲームは世界のトップブランドなんです。

石田　「ポケモンＧＯ」も、日本とアメリカの企業の共同開発ですからね。

小宮山　そのなかで、たとえば教育的要素が入っているゲームとして、「ニンテンドースイッチ」は人気が高いです。そのソフトに、「いっしょにチョキッとスニッパーズ」というアクションパズルゲームがあって、日本ではあまりメジャーではありませんが、アメリカではかなり人気ですね。二人のキャラクターがお互いの体を切ったり乗っかったりして、ステージの仕掛けを解いていくもので、どんどん難易度があがっていくゲームです。

石田　図形の勉強になりますね。しかもそれが動くから、空間認識もできる。

小宮山　そうですね。二人のキャラクターがどうやって協力すれば成功するか考えなければいけないので、コミュニケーション能力も身につきます。

石田　小宮山さんの息子さんも、ゲーム好きなんですよね。

小宮山　私の息子は、マイクロソフトが開発したプログラミングの基礎が学べるゲーム「マインクラフト（Minecraft）」（※）にハマっていますね。通称「マイクラ」は、デバイスの画面上で立方体のブロックを使って、好きなものを何でも自由に作れるものづくりゲームです。木や土や建物や動物を作って世界を自由に構築したり、モンスターと闘って冒険したりするゲームで、世界で1億4400万本以上も売れているそうです（2018年初頭時点）。

石田　「マイクラ」は超有名なゲームですよね。創造力も想像力も高まる良質なゲームの一つでしょう。

小宮山　「マイクラ」には、友だちとひとつの世界に集まって、かくれんぼをしたり鬼ごっこをして遊べる、マルチプレイ機能もついています。世界中の子どもたちと英語でやりとりしながら遊べるのも楽しいみたいです。

石田　英語力もコミュニケーション能力も身につきますね。

小宮山　ものづくりの見本が、ユーチューブにもたくさんアップされているので、子どもたちは自分が興味あるものを検索して、それを参考にしながら自分が作りたいものを作っています。

石田　自分が作ったものをユーチューブにアップすることもあるんでしょう？

小宮山　もちろんあります。世界中の「マイクラ」ユーザーが、ものすごい数の動画をアップしています。

石田　そうすると容量が必要だから、パソコンじゃないとできないでしょう？

小宮山　うちもずっとiPadでやらせていたんですが、パソコンじゃないとできない機能もあるので、安いグーグルクロームブックを買い与えました。

石田　最初は、息子さんが「マイクラ」を欲しがったんですか？

小宮山　そうですね。ユーチューバーのヒカキン（HIKAKIN）が「マイクラ」をやっていたのを見て、「僕もやってみたい」と言いだしました。ヒカキンの影響でやりはじめている子は本当に多いです。

※マインクラフト：ブロックで表現された木や土、岩などで構成された世界で、サバイバル生活を楽しんだり、自由にブロックを配置して建築物を作ったりして冒険を楽しむゲーム。

ゲーム、ユーチューブが発達障がい児の学ぶ意欲を引き出すことも

石田　ゲームやユーチューブは、発達障がいをもつ子どもや不登校の子どもの集中力も引き出し、それが学ぶ意欲につながることもあります。以前、私は、発達障がいと軽度知的障がいがある小学2年生の男の子を持つお母さんから、「最近、不登校になってしまってどうしたものかと悩んでいます」と相談を受けたことがありました。その時、私は、ゲームやユーチューブを、本人がやりたいだけやらせてあげてくださいとアドバイスしたんです。

小宮山　確かに、以前発達障がいをもつお子さんの授業を拝見させて頂いたのですが、ゲームの要素を持つ「マインクラフト」を使ってとても集中して取り組んでいた様子が印象に残ってますね。

石田　すると、ゲームのやり方を、子どもが自分でユーチューブの動画から探して、わかりやすい人の動画を何度も見て理解しながらゲームをクリアしていったそうな

んですね。お母さんは、「勉強のやり方を、8歳にして自分で見つけたようです」とおっしゃっていました。

その男の子は、学校では「ひらがな五十音表」を見るのも嫌がっていたらしい。ところがゲームの中で、キャラクターに名前をつけたり、ユーチューバーにコメントを送ったりする必要に迫られて、iPadでひらがなを打ち出せるようになったそうなんです。

さらに、自分でもゲーム中継をしたくなったみたいで、ユーチューバーの真似をして動画を撮ったりするうちに、どんどん単語を覚えて、文章を作るのもとても上手になったというんですね。

小宮山　今までなかったようなツールが、ある子どもたちの学びにとってはとても良い影響を及ぼすということでしょうね。

石田　国語だけでなく算数に関しても、数字の概念がまったくなかったはずの子が、ゲームをやっている中で「100が80に減った！」とか、自分で数字の意味を理解しはじめているそうです。その様子を見てお母さんは、日常生活の中でも、本人がやりたいことだけさせて、嫌なことを無理にさせることはやめたそうです。

そして、お風呂も歯磨きも寝る時間も、すべて本人に任せて、できた時に大げさに褒め続けると、何も言わなくても自分からいろいろやってくれるようになった。
しかも、以前はイライラして夜遅くまで起きていて、病院から安定剤を勧められたほどだったのに、今は早い時間に一人で自分のベッドで寝られるようになったそうで、「本当に驚きです」と喜んでいました。

小宮山 その子の好きなことが何か、その好きなことをするにはどのような「道具」が適しているのかを見極めるのはとても大事ですね。学校には行けるようになったんでしょうか?

石田 学校の先生に、本人が嫌がることは無理にさせずに、やりたいことだけやらせて欲しいとお願いしたら、行きたい時に行くようになったそうです。発達障がいがある子どもは、集団生活が困難なケースが少なくありません。ですから、ゲームやユーチューブを上手に活用して、好きなことをとことんやらせてあげることは、その子の自信や自己肯定感を取り戻すきっかけになる。そのお母さんも、「好きなことを自分の武器にできたら、自立につながるかもしれない。好きなことが得意なことになり、将来その道のプロになれたなら、こんなに幸せなことはないと思っています」とおっしゃっていました。

「ものづくり」で思考力・創造力を育てるゲームの魅力

石田　小宮山さんが、息子さんに好きなだけ「マイクラ」をやらせているのも、自分でどういうゲームか確かめて教育的効果があると判断したからですよね。

小宮山　はい。試行錯誤しながらものづくりをすることで育つ能力はたくさんあります。また、自分で知りたいことを検索するときも、どんなキーワードで検索したら自分が欲しい情報に近づけるか、トライヤル＆エラーを繰り返しているわけですよね。

石田　つまり、自分のつくりたいものや理想に近づくために、何が必要でどうすればいいのかを考える課題解決能力も高まると。

小宮山　他にも、ゲームってこんなにすごいことができるんだ！　と驚いたのは、ピアノや乗り物などの段ボール製の工作キットを組み立てて、ゲームと連動させて遊ぶ「ニンテンドーラボ（Nintendo Labo）」（※）です。ここまで、ゲームに対する古い先入観や価値観がガラッと変わる商品は今までなかったと思います。

石田　テクノロジーに、手を動かしてものづくりをするアナログの要素を融合させた画期的なゲームですね。段ボールで工作をする遊びが加わると、ゲーム嫌いの親にも受け入れられそうです。

小宮山　「ニンテンドーラボ」の一番のメリットは、子どもが誰の手も借りずに小さな成功体験を積み重ねることができる点だと思います。

石田　自分で作ったピアノの音がちゃんと鳴るとか、乗り物が動くとか？

小宮山　そうですね。それが、「自分にもできる」という自信につながりますから。勉強ができることでしか褒められなかった子も、こういうものづくりゲームで成功体験を積み重ねることで、自信や自己肯定感を覚えやすくなるように思います。

石田　しかも、誰かにやれといわれて嫌々ながらやっているわけじゃなく、自分が好きなものを自分で作っているわけだから、その出来具合に満足できたら自己受容感も高くなりますよ。

小宮山　達成感を得られるのも、大事な経験ですからね。

石田　他者との比較によって評価された場合で自信がつき、自己肯定感が上がるケースもあるかもしれないけれど、それを維持するためにはずっと勝ち続けなければならない。そういう相対的な世界で頑張りたければ否定はしませんが、自分で自分のことをすごいと思えたり、自分は大事な人間なんだと思える絶対的な自己受容感こそ、本当の意味での生きる力になります。

小宮山　私の息子も、ゲームを通して日々いろんなことを学んでいてすごく楽しそうです。海外の友達ともやりとりしているので、世界も広がったんでしょうね。

※ニンテンドーラボ：段ボールを素材としたコントローラーを自分で自由に組み立てて、それにニンテンドースイッチ本体をセットして動かすことで、ものづくりと遊びとプログラミングがわかるゲーム。

第五章　子どもの未来のためのプログラミング教育

【プログラミング×新しい学び】

なぜ今、プログラミング教育が必要なのか？

石田　プログラミング教育が急に叫ばれるようになった背景にも、やはり産業界におけるＩＴ人材不足の問題があります。２０１８年6月時点での世界株価時価総額ランキングは、第1位がアップル（Apple）約１００兆円、2位がアマゾン（Amazon）約92兆円、3位がGoogle（Google グループ企業）約87兆円、4位がマイクロソフト（Microsoft）約85兆円、5位がフェイスブック（Facebook）約63兆円。この上位5社のキーワードは、「デジタル」「ネット」「テクノロジー」なんですよね。（※）これに該当する企業の割合は今後ますます増えていくでしょう。

小宮山　日本の企業は何位に入っているんですか？

石田　トヨタ自動車（21兆円）の35位が一番上です。つまり、世界的には「デジタル」「ネット」「テクノロジー」の分野に強い人材のニーズが急速に高まっているわけですが、日本の教育は後れをとっていて、ＩＴ人材の育成がまったく追いついいていないのが現状です。

小宮山　経済産業省の調査では、２０３０年に約59万人のＩＴ人材が不足すると推計されています。

石田　そこで、安倍首相が、「プログラミングは、これからの読み書きそろばん」だということで、２０２０年度から小学校でのプログラミング教育必修化を決めたわけです。ただ、決めたはいいけど、プログラミング教育とは何なのか正しく認識していない人も多い。コンピューターにプログラミング言語のコードを打ち込むことを覚えさせて、プログラマーを養成する授業がはじまると誤解している親もいるようです。

小宮山　高校、大学ぐらいになったら、そういうスキルを身につけることも必要になってくると思いますが。

石田　小学校時代は、その基礎となる「プログラミング的思考」のベースをつくる時期なんですよね。文科省のホームページにも、「プログラミングが身近な生活で

※世界株価時価総額ランキング参考資料：出典：http://www.180.co.jp/world_etf_adr/adr/ranking.htm

活用されていることや、問題の解決には必要な手順があることに気付くこと」といった、「プログラミング的思考」を学ぶことが目的だと書いてあります。

小宮山　プログラミング教育が勃興した背景に、世界的なIT人材不足の影響があったのは事実です。ただ現在は海外でも、プログラミング教育でみんなをプログラマーにすることだけが目的ではなく、「プログラミング的思考力」の素養を身につけてほしいという目的に変わりつつあります。

石田　プログラミング技術の前に「プログラミング的思考力」を重視しているのは、世界的な傾向なんですね。文科省もそれを意識しているのでしょうが、説明が非常にわかりにくい。ホームページには、「プログラミング的思考とは、自分が意図する一連の活動を実現するために、どのような動きの組み合わせが必要であり、一つ一つの働きに対応した記号を、どのように組み合わせたらいいのか、記号の組み合わせをどのように改善していけば、より意図した活動に近づくのか、といったことを論理的に考えていく力」と書いてあるんですが、意味がわかりません。「記号」という言葉も言語コードを意味しているようで誤解を招きやすい。

小宮山　同感です。プログラミングは、STEM教育の一つで、そこから小学校段階のレベルまで降りてきているんですよね。その思考の土台となる「プログラミング的思考」についてひと言で説明すると、「やりたいことを達成するために、何をどの順番でやればいいか論理的に考えること」。ですから、そのためのツールは、パソコンやタブレットがなくても活用できるものがいっぱいあります。

石田　アンプラグドと言われているものですね。

小宮山　アンプラグドには、例えば、女の子の宝探しの冒険を通してプログラミングの考え方を知る『ルビィのぼうけん』という絵本もあります。ブロックやボードゲームでもプログラミングは学べます。

石田　海外でも、パソコンやタブレットを使わないプログラミングの授業は一般的ですか？

小宮山　低学年の授業では多いですね。フィンランドの小学1年生は、最初はやはり本でプログラミングを学んでいました。イギリスの小学校でも、タブレットは使わず、一人の生徒をロボットに見立てて、その人に指示を出すことでプログラミングの仕組みを学ぶ授業をやっていました。

石田　親もそういうことを知る努力をして、子どもと一緒に楽しんでみればいいんですよね。自分でやってみるのが理解への一番の近道ですから。

プログラミングで身につく21世紀型スキル

小宮山　ＯＥＣＤが提唱している21世紀型スキルも、その一部をプログラミング教育で身につけることができます。

石田　知識(Knowledge)、技能(Skills)、態度(Attitude)、価値(Values)、倫理(Ethics)の領域における具体的な10のスキルのことですね。

小宮山　１つ目の「創造力とイノベーション」については、プログラミングはゼロから何かを作り出していくものなので当然、創造力が必要になります。また、既成概念にとらわれず自分で自由に新しいアイデアや価値観を作り出していくので、イノベーションを生み出すことにもつながります。実際にインドでは、５歳の子どもが自分でプログラミングしたアプリを開発した例もあります。

石田　ビジネスの低年齢化ということが現実になりつつあります。私は今後5年で、高校生の起業家がたくさん出てくるという予見をしています。それが現実になると、世の中はさらに激変し、教育のあり方も見方も、変わらざるを得ない状況になるでしょう。

小宮山　2つ目は、「批判的思考、問題解決、意思決定」のスキルです。これは思った通りに動かないものを動かすために、PDCA（※）を回すわけですが、プログラミングはまさにその手順で作業を進めていくんですね。

石田　PDCAは、ビジネスの世界で当たり前のように導入されているスキルですからね。

小宮山　3つ目は、「学びの学習、メタ認知（認知プロセスに関する知識）」で、プログラミングは失敗から学びを得ることが多いのが特徴です。うまくいかない時は、パソコン本体や接続環境など客観的なマクロの視点と、組み合わせ方などミクロの視点から分析することがあるので、メタ認知能力も求められます。

石田　なるほど。メタ認知能力がプログラミングから得られるというのは新しい考え方です。

※PDCA：Plan〈計画〉→Do〈実行〉→Check〈評価〉→Act〈改善〉の4段階を繰り返して目標に近づくこと。

小宮山　4つ目と5つ目は、「情報リテラシー」と「情報通信技術に関するリテラシー」。プログラミングをする間はインターネットにつながっていることが多いので、ウェブ上でどんなことをするとよくないのかリテラシーを学びますし、ネットの世界と自分との関係性も学べます。

石田　SNSで炎上している人の発言を見て、自分も気をつけようと注意するようになるとか。

小宮山　あとは、ウェブ上に実名や電話番号などの個人情報を出したらダメとか、そういうことですよね。生まれたときからスマホがある世代の子どもたちには、そういうリテラシーを早めに教えたほうがいいと思います。

石田　21世紀型スキルには「コミュニケーション」「コラボレーション（チームワーク）」もありますね。これもテクノロジーの世界ではよく聞く言葉です。

小宮山　プログラミングは、「スクラッチ（scratch）」のように自分一人で作った作品を発表するものもありますが、プログラミングでつくったゲームを誰かとチームを組んで一緒にやることもあります。英語ができれば、それこそ世界中の人たちとコミュニケーションしながらできるツールが多いんですね。そこには、8つ目の「地域と国際社会での市民性」も含まれます。9つ目の「人生とキャリア設計」に関して言うと、プログラミングは、計画性を持つことでもあるので、そういう思考は自分の日常生活や人生のキャリアプランにも活かされると思います。

石田　確かに。

小宮山　最後、10番目の「個人と社会における責任（文化に関する認識と対応）」は、プログラミングを通して自分とは違う価値観や考えを持った人たちとコミュニケーションすることで、異文化を理解し、自分の立ち位置を知ることができるんですよね。

石田　こういう話ばかりしていると、今までの20世紀型教育を否定しているように聞こえるかもしれませんが、今までの勉強をやめましょうと言っているわけではないんですよね。勘違いしてほしくないのは、プログラミング的思考をはじめとした21世紀型教育は、20世紀型教育にも効果的だということです。つまり、論理的思考力（考える力）が身につけば、当然、偏差値も上がっていくわけです。

小宮山　情報活用力が高まれば、情報整理力も底上げされますからね。

石田　今までも、頭がいい子には、インプット派の子だけでなく、考える派の子もいます。その中でも特に偏差値が高い〝賢い子〟は2層になっていて、しかも考えるほうの割合が多い子は、インプット派よりもはるか上の偏差値を叩き出します。

ですから、21世紀型教育で求められている力は、20世紀型教育にも好影響をもたらすんですね。

小宮山　21世紀型スキルを身につければ、大学入試なんて「おまけ」みたいなものですよね。もっと根本的な「時代を生き抜く力」を身につけることが21世紀型教育の到達点ですから。

石田　入試は単なる副産物でしかなくなるでしょうね。学歴だって今や副産物になりつつある時代ですから。

プログラミングを知ると社会の動きに敏感になる

小宮山　家庭内の身近なところで言うと、料理もプログラミング的思考が必要ですから。

石田　自分が食べたいものをつくるために、どんな材料を用意して、どんな下ごしらえをして、どう調理すればいいかを考えるわけですからね。確かに、とてもわかりやすいプログラミングです。

インスタグラムやクックパッド（Cookpad）に料理の動画をアップして、フォロワー数を増やして、本を出したりセミナーを開いたりしているママさんは、1から10までのスキルをすべて学んでいると言ってもいいかもしれませんね。

小宮山　確かに、全部、網羅していますよね。

石田　21世紀型スキルという仰々しい言葉だけ聞くと、すごく遠い世界の話に聞こえるかもしれません。でも、生活のなかにすでにあるプログラミングをもっと意識すれば、親も子どももより身近に学べるように思います。

小宮山　ドローンや自動運転車もそうですが、日常生活の中にも、プログラミングで動いているものはたくさんあります。エアコン、電子レンジ、洗濯機、炊飯器などもそうですし、銀行のＡＴＭもプログラミングされています。なぜ勉強しなければいけないの？　という子どもの素朴な疑問にも、そういう便利なものを開発するために勉強が必要なんだよと、プログラミングを例に出せば示しやすいですよね。

石田　子どもが興味関心のあることであれば、「じゃあ、どうやって動いているのか調べてみよう、ちょっと学んでみよう」という気にもなりやすいですからね。今までの教育はまず勉強ありきで、とにかく知識を詰め込むだけ詰め込んで、その先何をやるかはあなた次第という感じでした。教育と社会が連携していなかった。

でもＡＩ時代を生きる子どもたちは、自分が作りたいものを作るため、やりたいことをやるために勉強している、という逆の発想に変わっていかなきゃいけない。そのためにもっとも有効なツールが、プログラミングだと言えるのかもしれません。

小宮山　プログラミングがわかると、社会の動きに敏感にならざるを得ないんですよね。ドローンでも自動運転車でも、テクノロジーによって新しいものが開発されると、その仕組みに興味関心を持つようになりますから。それがまた次の学びやアイデアにつながっていくわけです。

プログラミングが大学新入試科目になる日も近い!?

小宮山　「こういうものがあれば便利なのに」というアイデアの実現や課題解決のために、プログラミングが必要だということ。日常生活でも、あらゆるところでプログラミングが使われていること。それを親が意識して子どもに伝えることも大事です。

石田　できるだけ、身近なこととして意識したほうがいいですよね。学校でいざプログラミング教育がはじまっても、内容もレベルも先生の力量次第という側面が大きくなるでしょうから。何しろ、プログラミングを学んだことがない先生が大半ですからね。どういう授業を行うかまだ模索中の学校任せにするよりは、家庭でプログラミングができるゲームをさせたり、プログラミングが使われているものについて親子で会話してみたり、日常生活で楽しんだほうが覚えるのも早いはずです。

小宮山　ひとつはっきりしているのは、小学校のプログラミング教育には評価が付かないということです。英語や道徳は評価がつきますが、プログラミング的思考の土台を学んでいる段階では、評価のつけようがないんですよね。点数がつかないとなると、親がどれだけ関心を持つかどうかもわかれるので、家庭内でのプログラミング教育にも差が生じるでしょう。ただ、政府は大学入試センター試験に取って代わる「大学入学共通テスト」の科目にプログラミング導入を検討し始めたので、親の関心度合いは高まっていくと思います。

石田　プログラミング教室などの民間市場は、今後急速に拡大すると見られていますね。子ども向けプログラミング教室の数は、２０１３年に７５０教室だったのが、２０１８年に約６倍の４４５７教室に、２０２３年には２０１３年の約15倍となる１万１１２７教室に達すると予測されています（※）。いずれ必要になるスキルならば、プログラミングのことをよく理解している先生がしっかり指導してくれるところで学ばせた方が早い、と考える親が増えている証拠でしょう。

小宮山　民間企業は、文科省が掲げているようなプログラミング的思考を高めるための授業ではなく、そのもっと先まで教えているところがほとんどですよね。実際にパソコンにJavaScriptなどのコードを打ち込んでプログラミングできる、プログラマーの育成までしているところが多いです。

石田　文科省によると、中学では「社会におけるコンピュータの役割や影響を理解するとともに、簡単なプログラムを作成できるようにすること」、高校では「コンピュータの働きを科学的に理解するとともに、実際の問題解決にコンピュータを活用できるようにすること」が目標となっています。公教育でも学齢が上がっていくとともにより専門的な知識や技術を習得して、プログラマーになれるところまでレベルアップしていけば、就職でも有利になるはずです。

小宮山　でも、プログラマーにならなくても、身の回りの問題を解決する手段を考える思考力を身につけることは、すべての人に求められる時代になっていきます。テクノロジーの進化でこれからどう変化していくのか、先が読めない時代を生きていくうえで、プログラミング的な論理思考力が必要になるのは間違いないでしょう。

※「2018年 子ども向けプログラミング教育市場調査」より

将来、子どもに苦労をさせないために

小宮山 「子どもライフスタイル調査 2018春」というアンケート結果によると(※)、65%の保護者がプログラミング教育に賛成しているそうです。女子小学生を対象に行われたアンケートだそうですが、石田さんはこの数字についてどう思われますか?

石田 意外と多いですね。賛成と反対が半々ぐらいかなと思っていたので、65%というのはかなり多い印象です。女子小学生の保護者でこの数字でしたら、男子小学生の保護者の賛成比率はもっと高いでしょうね。

小宮山 恐らくそうなると思います。いずれにしても、安倍首相がプログラミングを大学入試の科目として導入検討を指示したので、賛成とか反対とか言っていられなくなった、というのが現状です。

石田 反対している親も、何らかの対策を考えたほうがいいということですね。

小宮山 はい。今の子どもたちは、プログラミングを必ず学ばなければいけない時代になりました。ですから、親もそのつもりで動いたほうがいいと思うんですね。

「プログラミングといわれても、よくわからないからやらなくていい」とか、「私がやったことないんだから、子どももやらなくていい」とか、親の価値観で、子どもをテクノロジーから遠ざけてしまっている方もいます。そうすると子どもは、後で苦労することになりますから。

石田　自分がよくわかっていないから、子どもに何からやらせればいいのかわからなくて、戸惑う親も多いと思います。

小宮山　今、いろんなところでプログラミングの体験教室をやっているので、そういうところに子どもと一緒に足を運んでみると、だいたいどんなことをやっているのかわかります。そうすると、抵抗感も少しは薄れると思います。教室に通うのが難しい場合は、通信教育でもプログラミングは学べます。たとえば「Z会プログラミング講座 with LEGO® Education」のように、自分が組み立てたレゴ®ブロックをプログラミングで動かすことができる学習教材もあります。

石田　学校の授業も、教科ごとにプログラミングでどんなことができるのか親が理

※「子どもライフスタイル調査2018春」
https://www.kadokawa.co.jp/topics/1859

解できると、イメージしやすいかもしれませんね。まだはじまっていないので、どうなるかまったくわかりませんが。

小宮山　たとえば、学校の先生のためにつくられた「プログル」（※）というプログラミング教材は無料で、誰でもダウンロードして利用できます。子どもが自分の力で取り組めるドリル型の学習教材で、ステージを進めていくだけで、自然とプログラミング的思考が身につくようにできています。他にも、文字を使わず描いた絵に指示を与えて動かす、「ビスケット」（※）というビジュアルプログラミング教材もあります。杉並区の天沼小学校では、この「ビスケット」を使ったゲーミフィケーションを授業に取り入れています。

石田　親や先生がわからなくても、子どもたちはどんどん覚えていくでしょうから、大人が子どもに学ぶつもりで一緒にやってもいいでしょうね。

小宮山　ビジュアルプログラミングは、子どもが一人でできるものも多いです。学校の授業用に開発された10歳以上が対象の「レゴ® マインドストーム® ＥＶ３」（※）がとても人気ですが、10万円ほどする高価なものです。廉価版の「レゴ® WeDo 2.0」は、１万５０００円ほどで買えるのでお薦めですね。「レゴ® WeDo 2.0」は、自分が組み立てたレゴをプログラミングして動かせる教材で、小学2年生でもすべて自分でできるように作られているので、プログラミング初心者の大人にも人気です。

石田　初心者の大人でも一緒にできるのはいいですね。

※プログル：児童が自分たちの力で取り組むことができるドリル型の学習教材。課題をクリアしながらステージを進めていくだけで、自然とプログラミング的思考が身につくように設計されている。

※ビスケット：とても簡単なプログラミング言語。メガネという仕組みたった一つだけで、単純なプログラムからとても複雑なプログラムまで作ることができる。ビスケットを使うとアニメーション・ゲーム・絵本などを簡単に作ることができる。

※レゴ® マインドストーム® EV3：レゴ® ブロックで組み立てたロボットを頭脳部品インテリジェントブロックにプログラムすることによって、自由に制御することができるロボティクス製品。

プログラミングで地頭も鍛えられる

小宮山　プログラミング教室に通っている子どもたちの中には、コンテストで自分の作品を発表することを目的に頑張っている子もたくさんいます。6歳以上15歳以下を対象とした「全国小中学生プログラミング大会」、22歳以下が参加条件の「U-22 プログラミング・コンテスト」など、大規模なものから小さいものまでコンテストの数も増えています。中には、「ワールドロボットオリンピアード（World Robot Olympiad)」（※）のような海外のコンテストへの参加を目標にして、プログラミングと同時に英会話も頑張っている子もいます。

石田　自分が作った作品について、海外の人たちに向けてプレゼンテーションしないといけないんですね。相当な表現力が身につくと思いますが、日本人も参加しているんですか？

小宮山　２０１６年にニューデリーで開催された同イベントには、47カ国から約５００チームが参加、日本からは15チームが参加していました。結果としては、「レギュラーカテゴリー」高校生部門で愛媛県立八幡浜工業高校が金メダルを受賞。

ました。

石田　そこまで頑張るためには、やはり楽しくないと続かないでしょうね。プログラミングを楽しむには、そこにある情報を組み立てていく情報活用力が必要です。ただ与えられた情報をそのまま受け取るのではなく、そこにある種の意味を見出し、自分なりの考えを投入して試行錯誤を繰り返していく。今までの学校教育でも、それが自然にできる子どもはいました。では、情報活用ができる子とできない子の違いはなんだったのか？　ひと言で言っちゃうと、地頭がいいかどうかなんですよ。

小宮山　地頭の差というのはありますね。ネット検索する場合も、地頭がいい子は、的確なワードを入れてほしい情報に一発でたどりつきます。ところが地頭が悪い子は、何回も検索したり、何回もページをクリックしていかないと辿りつけない、と

※ワールドロボットオリンピアード（World Robot Olympiad／略称ＷＲＯ）：世界中の子どもたちが各々ロボットを製作し、プログラムにより自動制御する技術を競うコンテスト。市販ロボットキットを利用することで、参加しやすく、科学技術を身近に体験できる場を提供するとともに、国際交流も行われる。

いう差が生じてしまう。

石田　つまり、情報を活用できないんですよね。今まで、情報を処理するだけで活用できない人がやってきたルーチンワーク系の仕事は、ＡＩに代替される可能性が高いです。地頭がいい東大生と話をしていて面白いと感じるのは、細かいこともよく覚えているんですよ。それは授業で習ったことをただ丸暗記するだけじゃなく、その情報に何らかの意味づけをして、自分の知識や体験とつなげて覚えているからなんですよね。そういう風に、自分なりに情報を理解しているから活用もできるんです。

小宮山　テスト勉強だけだったら、今までの知識詰め込み型教育で１００点とることもできたんですよね。私の場合、日本史や世界史が得意で、センター試験で１００点満点だったんですが、すべて情報処理問題で暗記ものなんです。そのときは最大限、覚えていましたけど、テストが終わった瞬間からどんどん忘れていきました。

石田　知識詰め込み型教育も、すべてが悪かったわけではないんです。日本人の基礎学力の高さは、世界でもトップレベルですから。決められたことを正確にやる仕事には、そういう教育が適していたわけです。ただこれからは、基礎学力プラス

「考える力」を身につける必要があります。

小宮山　そのツールとして、プログラミングが有効になるということですね。

石田　「考える力」がある地頭がいい人は、入ってきた情報がどれと同じか、どれと違うかを見分ける思考習慣もあります。一見、同じように見えても、実はよく比較すると細部が違っていたり、逆にまったく違うように見えても、内容が同じだったりするのはよくあることです。また、見ている部分が違うと、人によって解釈も異なるため、単純に同じとか違うと言い切れないこともあるんですね。この「同じか違うかの判断力」を身につけるうえでも、プログラミングはとても効果的だと思います。

失敗や間違いを繰り返すことで成長する

小宮山　今までの学校教育の現場では、１００点をとったり正解を答えたりすることが、一番いいことだという考えが基本にありました。ところが、先ほど21世紀型スキルの話でも出ましたが、プログラミングはＰＤＣＡを回す作業です。つまり失敗が当たり前の世界なんですね。それは教育上とても大切なことで、失敗を認めるプログラミング教育の影響が、全教科に行き渡る可能性もあるのではないかと期待しているんです。

石田　それは非常に重要なポイントですね。私も、子どものうちに失敗や間違いをたくさんすればするほど成長すると著書にも書き、講演会でもよく話をしています。

小宮山　子どもだけでなく大人も、日本人は失敗を恐れ過ぎです。そのために損をしていることも多いように感じています。失敗という言葉をネガティブにとらえるのではなく、次に進むためのワンステップだと思えば、新しいことにチャレンジする人ももっと増えるはずですが。

石田　すべては学びのための実験、と思えばいいわけですからね。

小宮山　ＰＤＣＡを回すプログラミングの授業がはじまったら、子どもたちは学校で堂々と失敗できるようになります。そんな授業、今までありませんでしたから、どんどん失敗してほしいですね。

石田　今までの学校教育では、答えを間違うと先生から×をもらって、親に叱られたりするので、子どもたちに「失敗や間違いは悪いこと」という考えが刷り込まれてきたんですよね。すると、「自分は勉強ができないダメな子なんだ」と自己嫌悪に陥ってしまう。

小宮山　そうなると、やる気もガタ落ちしますよね。

石田　逆に、「間違ってもいいんだ！」と思える子は、どうすれば正解にたどりつくことができるのか、自分から積極的に考えるようになります。テストを受けるときも、不安を感じるより腕試しのような気持ちになって、「次は何点とれるかな？」と前向きに取り組むことができるんですよ。

小宮山　失敗するなら、できるだけ早いうちに経験しておいたほうがいいですよね。大人になって、「知らなかった」、「やったことがなかった」と、とんでもない失敗をするとリカバリーするのも大変です。でも若いうちに小さな失敗をたくさん経験していれば、そこからどんどん学んで成長していきますから。

得意・不得意を認め合い多様性を尊重できるようになる

石田　偏差値主義の教育は、そう簡単には変わらないだろうと私は想像しています。ただ、そういう風にトライヤル&エラーを繰り返しながら、自分の可能性を見出せる授業が加わると、子どもたちはもっとやる気や自信を持って学びに向かうでしょうね。

小宮山　プログラミングは、自分の才能や可能性に気づくよい契機になりますね。これからは終身雇用が減って、転職、兼職、フリーランスで活動する人が増えていきます。そうなると、自分の強みを活かしつつ、自分にない能力を補ってくれる他者をチームメンバーに加えて活動することも多くなってきます。

石田　協働の時代ですね。

小宮山　ですから、数学が得意な人、スポーツが得意な人、文章が得意な人、多様な才能やスキルを持った人がいたほうがいいですし、できる人ができることをやればいい。もちろん、最低限度の基礎学力は必要ですが、そこから先の得意不得意は凸凹でいい、という世の中になっていくでしょうね。

石田　そこまで理解していない大人の中には、プログラミングはロボットやレゴ好きの男の子がハマりやすい領域で、そういうものに関心がない女の子は興味を示さないのでは？　と思っている人もいます。でもどんな人でも、自分が好きなことややりたいことを見つけるきっかけになるのがプログラミングなんですよね。

小宮山　そう言えると思います。たとえば、「スクラッチ」では自分で好きな楽器の音を鳴らしたり、音楽を作ることができます。絵を描くことも、描いた絵を動かすこともできますし、もちろんゲームやアプリも作れます。アメリカのテキサス大学付属校では、女子高生がプログラミングしたロボットでファッションショーを開催していました。

石田　そのようなお話を聞くと、多少の性差はあるかもしれないけど、基本的には楽しいこと、面白いことにハマるということに大きな男女差はありませんね。要するに、コンテンツの中身自体の問題ということになりますから。

自分の作品をシェアしてフィードバックを得る学び

小宮山　プログラミングのもうひとつのメリットは、自分が自由に創った作品を発表すると、フィードバックが得られる点です。私の息子も、自分が創った作品を友人たちにシェアして、共有することを楽しんでいるんですね。基本はものづくりをすることが好きなんですが、それを見てもらうことも嬉しいみたいで。

石田　自己表現力も高まりそうですね。「表現力」は2020年以降の教育で求められることの一つなので、その力もカバーリングしています。

小宮山　たとえば、「スクラッチ」で自分が創った作品をホームページ上に展示すると、世界中の人たちからいろんな角度のフィードバックが届きます。それをもとに修正して、また作品を展示して、という作業を繰り返すことで、作品の完成度を上げながら多様な価値観や文化も学ぶことができるんですね。

石田　私はよくセミナーや講演会で、21世紀型教育の特徴となるキーワードに、

「発想力、発信型、共感、振り返り、ネットワーク、コミュニティ、グローバル、デジタル、ワクワク感、楽しい、クリエイティブ」があると話しているんです。プログラミングは、その気になればすべてを網羅できそうですね。英語ができない子の中には、ただ作って終わりのケースもあるでしょうけれど、逆に必要に応じて英語を学びたくなるという現象も起こるでしょう。「スクラッチ」は、世界でどのくらいの人数が利用しているんですか？

小宮山　２０１８年3月時点で、世界で２７００万人が登録・利用しています。そのうち日本人の利用登録数は約27万人で全体の１％です。

石田　日本人は、海外とつながっている人が少なそうですね。やはり言語の壁が大きいのかな。

小宮山　おっしゃる通り、少ないですね。共通言語は英語ですから。ただアウトプットするだけでなくインプットもできるのはメリットが多いので、英語さえクリアできれば双方向のやりとりによって、お互いの作品を高め合う相乗効果も期待できるのですが。

石田　プログラミングで、自分でも気づかなかった才能に目覚める子が増えると、それが将来の職業につながる可能性もでてきます。学びと社会が連携する理想のパターンができるかもしれません。人は「利」がないと動きませんから、自分の将来に役に立つことがわかればやる気になり、自己肯定感も高まります。

小宮山　今までの学校教育では、自分がやりたいことを自由にできる授業なんてありありませんでしたからね。

石田　やりたいことを見つけるチャンスの領域が広くて、しかも人と比較されることがない学びになれば、むしろ自己肯定感が下がることのほうが起こりにくいでしょう。言い換えれば、どんなにプログラミング自体が面白くても、成績や点数で評価されるようになった途端に、つまらない「お勉強」になってしまう。

小宮山　そうなると本末転倒です。

石田　子どもが好きなことをやるよりも、評価や成績を意識しはじめたら、個性や長所を伸ばすプログラミング本来の目的を果たせない、まったく違うツールになってしまう可能性があります。

小宮山　そこは大事なポイントですよね。プログラミングの授業が、本質的なことを学べないまま逆効果になってしまうと、嫌いになる子も出てくるのではないかと懸念する声も耳にします。

石田　せめて小学校の授業では、子どもたちの興味・関心を引くきっかけづくりができるといいですね。先生たちも忙しくて手探りだと思うので、過大な期待をするのは酷だと思いますが……。ただ、大学新入試科目としてプログラミングの必修化が決まれば、何かしら評価されるようになるのは間違いないですよね。もし、少しでもリスクを回避したい場合は、家庭で積極的にプログラミングを体験させて、成績とは関係なく自由に楽しませるほうがいいでしょう。

第六章

デジタルネイティブの子どもとの関わり方

【大人×新しい学び】

何歳からスマホ・タブレットを使わせるか？

石田　学びでも遊びでも、子どもの世界でテクノロジーが今後ますます活用されることは間違いないでしょう。その時、親は子どもにどう関わればいいのか、戸惑う方もいると思います。大前提としてあるのは、生まれた時からスマホやタブレットがある環境で育った今の子どもたちはデジタルネイティブで、私たち親世代はアナログネイティブだということです。まずは、この2つの違いをしっかり認識して、大人は価値観を変換することが大事です。アナログ時代に育った親の価値観を、デジタル時代に育った子どもにそのまま押しつけることだけはしてほしくないですね。

小宮山　今の子どもたちにとっては、テクノロジーを使えることが、算数や英語ができることと同じぐらい重要になっていくんですよね。企業の採用条件として、ワードやエクセルが使えることが当たり前になったように、これからはプログラミングも必須になるかも知れません。

石田 それほど時代がテクノロジー化していく中で、スマホやゲームにハマってしまう子どもがいるのは、ある意味、仕方がないとも言えます。ただ、スマホをはじめとしたタブレットやゲームも、使い方によっては子どもの可能性を伸ばすツールになる。このことを意識するかしないかで、親の関わり方もかなり違ってくると思います。

小宮山 AIやプログラミングなどのテクノロジーを活用した教育で、失敗や間違いを恐れなくなり、自己肯定感が高まって、主体的に学びに向かう可能性も高まる。どう考えても、メリットのほうが多いですからね。

石田 20世紀型教育の、「気合い、根性、努力」で頑張るしかなかった時代より、子どもたちはかなり楽しく生きやすくなるでしょう。ただ多くの親にとって悩ましいのは、何歳から子どもにスマホやタブレットを与えるべきか？ ということです。海外はいかがですか？

小宮山 かなり早いですね。幼稚園や小学校低学年から使わせている国も少なくありません。世界で5億人以上の子どもが使用している「アワーオブコード（Hour of Code)」というプログラミングの学習ツールがありまして、それを提供しているNPO法人「Code.org」の創業者ハディ・パルトヴィ氏が来日した際、参加者から

「いつからプログラミングを学ぶべきか?」という質問がありました。それに対して彼は、「幼稚園や小学1年生からでもいいと思っている。学ぶのはなるべく早いほうがいい」と答えていましたね。プログラミングはパソコンのほうがやりやすいという子もいるので、海外では早くから子どもにパソコンを与えている家庭も多いです。

石田　私は息子用のパソコンは与えていませんが、私のタブレットを小学5年生の息子に貸してあげることはよくあります。ユーチューブが好きでよく見ていますね。ウクレレが欲しいと言って、自分のおこづかいで5000円ぐらいのウクレレとネットで探した楽譜を買ってきました。さらにユーチューブでコードの弾き方を学んで、たった1週間の独学で何曲か歌いながら弾けるようになっている姿を見て驚愕しましたね。

小宮山　デジタルで学んでアナログで実践する。これこそまさに融合ですよね。しかもレッスン料が一切かからない。そこに、VRとかARが入ってきたら、もっとリアルに体験できるようになると思います。先生がいる動画のバーチャル空間に自分も入ることができるので。

石田　学ぶ材料は、ウェブ上にたくさん転がっていますからね。親はただツールだけ与えればいい。

小宮山　未成年には、有害サイトをブロックするフィルターをかけたほうがいいかもしれませんが。石田さんは、お子さんがパソコンを使うときにフィルターはかけていますか？　うちは全然かけてないんですけど。

石田　フィルターはかけていないですね。私の目の前で使わせているので。

小宮山　私も同じです。基本的にパソコンもタブレットも、親がいるリビングで使うようにルールを決めています。ゲームを続けてやるときは、必ず30分に一回、休憩をとることも決めています。そこを守っていればあとは本人任せですが、ある程度やって区切りがついたら自分で終わらせています。そういう風に、自分の意思で自己管理できるようになると、あまり心配はないですね。

石田　仮に親がフィルターをかけたとしても、フィルターをかけていない友達のスマホで見ることもできますし、今の子どもたちは自分で調べて簡単に抜け道を探すでしょうからね。そういう実態を知らない大人が多いように感じます。

ゲームを買い与える子どもに親がやるべきこと

石田　繰り返しになりますが、私のところに寄せられる最も多い相談の一つに、ゲームにハマる子どものことを心配する親御さんのお悩みがあります。そういった相談を多く受けてわかったことは、子どもにゲーム機を持たせている家庭にいくつかのパターンがあるということです。1つ目は、ゲームを買い与えるにあたって、家族でルールを決める家庭と決めない家庭があることです。

小宮山　使う場所や制限時間を決めるんですね。

石田　ルールを決めずに子どもに完全に任せる方法もなくはありませんが、多くの家庭では現実的ではなく、一般的にはルールを決める家庭が多いです。ルールは家庭によってさまざまですが、「ゲームは一日何時間まで」「宿題が終わってからゲームをやる」といったものが多いみたいですね。こういったルール決めをするのは最初が肝心です。途中からルールを決める場合、ほとんどの子どもは抵抗するので、親は真剣な話し合いの場を持たない限り効果は期待できません。2つ目は、ルールを作っても、ペナルティを課している家庭と決めていない家庭に分かれることです。

小宮山　ルールを破ったらゲーム禁止とか？

石田　そうですね。「このルールが守れなかったら、1週間ゲームを禁止」というように、ペナルティを決めている家庭は、子どもがゲームと上手に付き合っているケースが多いです。もしこのように、ペナルティを決めていなければ、「ルールを破っても別に関係ないし」と、子どもがルールを守らなくなりますから。

小宮山　ペナルティを決めても、実際にそれを実行するのは親もパワーがかかりますよね。

石田　それで子どもに甘くなってしまって、「ゲームは一日1時間。もし守れないときは、1週間禁止」と決めていても実行しない家庭があるのです。そうなると、子どもは「ペナルティと言ってもどうせ口だけ」と思うようになり、約束を平気で破るようになります。これでは逆効果ですよね。

小宮山　効果的な解決策はあるんでしょうか？

石田　はっきりと言えるのは、まず本人にルールを決めさせることです。親から強制されて決められたルールやペナルティは、子どもがいったんは受け入れても、いざ実行するとなると納得しないことがあります。中には、親が勝手に決めたと逆ギレする子もいますから。ですからゲームを買い与える時に、ゲームを長時間やることによるリスクや、「ゲーム依存症」（※）の怖さを冷静に話して伝えて、ルールを決めて守ることの重要性を本人に納得させることが大事です。

小宮山　例えば、国立病院機構の久里浜医療センターには、インターネット依存の専門外来があります。ホームページでゲーム依存症に関する情報も公開されているので、ルールを決める際に参考にするといいでしょうね。

石田　そういう情報収集も親の役目です。その情報を子どもと共有して、親子で話し合ってルールを決めるといいでしょう。ただ決めただけでは、言った言わないの問題になりやすいので、お互い了解の上で約束場面をスマホで動画撮影しているというご家庭もあります。約束を守らなかった場合のペナルティについても、本人が納得した上で決めたルールですから、破った場合は親も本気で実行する。これが本当の「教育」です。

※ゲーム依存症：世界保健機関（WHO）は2018年6月18日、ゲームのし過ぎで日常生活に支障をきたすゲーム依存症を「ゲーム障害」として国際疾病分類最新版に加え精神疾患に認定した。

親が「本気」を見せる覚悟を持つことが大事

小宮山　親がどこで線引きをするべきか、判断が難しい問題ではありますよね。私も昔はゲーマーでしたし、エリートといわれる人たちにもゲーマーだった人は多いですから。

石田　ゲームをやりながらでも勉強ができる子は、「時間のメリハリを自らつけられる子」、または「メリハリをつけるよう教育された家庭に育つ子」なんですよね。言い方を換えると、「勉強ができる子は、遊びの時間でゲームをやっている。勉強のできない子は、本来、勉強しなくてはならない時間にもゲームをやっている」というわけです。私は以前、東大生にもゲームについてヒアリングしたことがあるのですが、小中高時代にゲームをしていた人がほとんどで驚いたことがありました。

小宮山　勉強や睡眠の時間もしっかりとる基本的な生活リズムの中で、遊びの範囲でやるゲームであれば、私も問題ないと思っています。

石田　ゲーム問題については、最終的に2つの考え方にわかれると思っているんです。ひとつは、「ゲームで遊ぶ消費者ではなく、ゲームを作る生産者になるために啓発していくこと」です。ゲーム好きが高じてクリエイターになるという話はよく聞きますよね。ひょっとしたら、自分の子どももゲームクリエイターとしての適性を持っているかもしれない。そう感じたら、生活リズムは守らせたうえで、ゲームを作る側の立場に立って考えてみるのもいいと思います。でも、これはごくまれなケース。ゲームにハマっている子は、他に興味があるものがなくて、「ヒマだからやっている」子どもがほとんどです。

小宮山　言われてみれば、私もそうだったような気がします。

石田　もうひとつは「適切な消費者としてのあり方を学ぶ」というものです。そのためには、本人が決めたルールを破ったら、親も即ペナルティを実行するという「本気」を見せることが大切です。うまくいっていない家庭の場合、多くは子どもが約束を破ってもペナルティを実行していないで、うやむやにしています。その場合、子どもが何を学ぶかというと、「約束は破っても大丈夫」ということです。

小宮山　そうなると、子どもは「約束なんて守らなくてもいいや」と思って、ますますやりたい放題になるでしょうね。

スマホ・ゲーム問題で問われる親の教育

石田　ですからこれは、単にゲームとかスマホの問題ではなく、親の在り方や生き方にも関わってくる「教育」の問題なんです。子どもがルールを破った時、本気で対応した家庭では、子どもも本気で約束を守るようになります。あるいは、どうしても子どもにゲームをやらせたくないなら、最初から持たせなければいいわけです。そのどちらもできないのであれば、スマホ・ゲーム問題で悩んでいるという現状が今後も続くことを覚悟しなければなりません。

小宮山　ゲームをしないからといって、そのぶん勉強をするわけはないんですけどね。

石田　その通りです。だから私は基本的に、「スマホ・ゲーム問題は、別にたいした問題ではない」という考えです。もちろん、食事も睡眠もとらずゲームばかりやって心身の健康を害するのは「ゲーム依存症」ですから、そうならないように管理するのは親の責任です。でも遊びの範囲でやっているなら、あまり心配する必要はないんですよね。なぜなら、スマホやゲームにハマる今の子どもたちが、20年後、

30年後の世界を作っていくからです。私たち昭和生まれの人間には、理解しがたい世界になっていくのは明らかでしょう。

小宮山　今はまさに時代の大転換期ですからね。

石田　幕末から明治初期の頃にも同じようなことがありました。江戸時代の人々は、「最近の若いやつらは西洋かぶれしやがって、人間がどんどんダメになる」と言っていたでしょうけど、今、同じようなことを言っていたら、「この人、大丈夫？」って思われかねません。

小宮山　「自分の子ども時代はこうだった」という考え方を変えることなく、今の子どもたちに押し付けるのは無理がありますよね。

石田　ですから、ゲームやスマホに子どもがハマって、どうしたらいいか悩んでいる家庭には、先ほどのようなアドバイスをしています。ただ、デジタルネイティブの子どもたちがこれからの新しい世界を作っていくことを考えれば、スマホ・ゲームにハマるのはたいした問題ではないというのが私の考えです。

学びの多様化で親の役割が変わる

小宮山　これからは、学校や塾の授業を受ける学びだけでなく、「スタディサプリ」のようなオンライン学習や、ゲームで学ぶゲーミフィケーション、タブレットを使った通信教育など、学びのかたちが多様化していきます。そうすると親の役割も、子どもの関心を引き出したり、学びの方向性を見極めたり、ゴールを設定してあげたり、伴走者としての役割に変わっていくと思うんですね。

石田　多様な学びと子どもを結びつけてサポートする、チューターが必要になりますよね。学びの多様化によって家庭教育が重要視されると、親が子どもの伴走者になる必要性は高まるでしょう。あるいは、忙しい親に代わって子どものチューター役をするサービスも出てくるかもしれない。

小宮山　自分の子どもには、どういう学びのスタイルが合っているのか、ある程度、親が見極めて取捨選択する必要もあります。子どもが生き生き学べる学び方を見つけてあげるには、親ができるだけ情報をインプットして、子どもに合いそうな選択肢を提供してあげたほうがいい。それで本人が選ばせてみて、「違うな」と思ったらまた別の選択肢を提供して、一番しっくりくる学び方を絞り込んでいくといいと思います。

石田　学び方も教材もたくさんありすぎて、すぐには選べないかもしれません。塾選びも同じで、いろんな塾の情報を収集して相談に行って熱心に探す親もいれば、「友達が行っているから」という理由だけで、パッと決めちゃう親もいます。それだけ情報収集も選択肢の提供も親次第、という側面が大きいので、情報格差も出てくるでしょうね。

小宮山　親が準備する、しないに関わらず、学び方が多様化する社会がやってくるのは間違いないですから。子どものほうが友達から聞いたりして、先に新しい情報を仕入れてくることもあるかもしれません。

石田　親の考え方や希望の押し付けではなく、子どもの希望をまずは優先してあげたほうがいいということですね。

テクノロジー活用教育で先生の役割も変わる

小宮山　テクノロジー活用教育の影響で学びが多様化すると、先生の役割も変わります。アメリカの学校は、小学校から大学まで反転授業といわれる授業スタイルが増えています。反転授業というのは、家庭で学習してきたことについて、学校の授業でディスカッションする授業形態ですね。つまり、インプット系の学習はすべて自宅ですませて、学校ではその先の応用、発展につながる授業をしているのです。これはある程度、高い知識レベルの子どもたちに人気の授業形態ですが、そのうち日本の学校にも導入されるのではないかと期待しているところです。

石田　反転授業は、学びが好きな子や真面目な子、成績優秀な子どもが、より高みを目指して参加するのが前提で行われていますよね。しかもディスカッション中心の授業を成立させるためには、テーマが面白くないとダメです。つまらないテーマでも、面白い切り口で展開させることは可能ですが、その場合、先生には高度なスキルが求められます。正直なところ、誰でもすぐに到達できるレベルではないと私はみています。

小宮山　石田さんが研究していらっしゃる、国際バカロレアの授業はいかがですか？

石田　国際バカロレアの授業も、反転授業の形式に近いですね。生徒は各自、テーマに沿った調査や情報収集をして、授業ではそれに基づいてディスカッションします。もともと生徒のレベルが高いので、先生もある一定以上のスキルや知識、そして人間力がなければ務まりません。

小宮山　先生にこれから人間力が求められるという話は、私もまったく同意見です。何かを教える「ティーチ（Teach）」という言葉は、今後、なくなるかもしれないと思っているほどです。その代わりに「学び合う」という言葉が主流になっていく。先生よりも子どもたちの方が詳しいこともありますから。コーチ、ファシリテーター、メンターといった役割を先生が担うようになるでしょうね。

石田　ただ、生徒個人の学習レベルを仮にＡＩが管理してくれるようになったとしても、基礎学力をつける授業がすぐになくなるわけではありませんからね。

小宮山　テクノロジーを用いて、効率的にできるところはいかに工数を減らしていくか、考える必要があります。日本の先生の忙しさを海外の先生に話すと、みなさん、信じられないといった表情でびっくりされますから。

石田　国語、算数、理科、社会に、英語も道徳も加わって、さらに授業内でプログラミングもやるとなると、今まで以上にカリキュラムの消化に追われるのは必至です。その代わりに一斉授業をやめて、オンライン学習を活用するとか、部活やサークルの監督やコーチは外部の人間にお任せするとか、やはり先生の仕事量を減らすことが先決ですね。

小宮山　日本の教育現場では、何か足したら何かを引くという発想がないのが問題ですよね。すべて足し算ですから。

石田　これからはテクノロジーを上手く活用しながら、テクノロジーに代替されない人間本来の能力を伸ばす新しい学びを導入する必要があるわけですよね。その場合、子どもだけでなく、先生自身もワクワクできなければ、21世紀型教育の実現は難しい。先生が新しい時代の新しい学びを楽しまなければ、どんなに教育改革したところで失敗する可能性が高いと思います。

わからないことは専門家に頼る、子どもに学ぶ

小宮山　２０２０年の次期学習指導要領では、小学校からプログラミングが必修になってはいますが、どの教科で何時間と決まっているわけではないんですね。一応、事例集みたいなものは公開されていますが、具体的に何をすればいいのかというのは指示されていません。つまり、先生の裁量に任されている部分が大きいので、授業内容にもかなりバラつきが出てくると思います。

石田　必修化はされるけれども、成績はつかない、評価もされないとなると、後回しにされる可能性はありますね。

小宮山　プログラミングは今のところ資格がないので、指導する方もどのぐらいのスキルがあればいいのかわからないのが現状です。文科省から、この学校ではこういうプログラミングの授業をしています、といったような事例集は出ていますが、そもそもタブレットの台数が足りません、Wi-Fi 環境もまだ整っていません、とい

う学校が大半ですから、何もやりようがないんですよね。

石田　以前、文科省のトップダウンで「総合的な学習の時間」が学校ではじまったときもそうでした。先生方が具体的に何をやっていいかわからずに、試行錯誤しながらようやく手応えを見出した頃に削減されたという、残念な例もあったのです。「総合的な学習の時間」も、「変化の激しい社会に対応して、自ら課題を見付け、自ら学び、自ら考え、主体的に判断し、よりよく問題を解決する資質や能力を育てること」などを目的にしていたので、同じことの繰り返しにならなければいいですけどね。やり方を教わらなければ、いきなり教えなさいと言われても難しいですから。特に、プログラミングをやったことも見たこともない先生が大半なわけですし。

小宮山　ひとつ参考になるのは、前にプログラミング授業をいち早く導入した学校として紹介した佐賀県武雄市の事例です。武雄市の小学1年生に、プログラミングの授業を導入したのは、ディー・エヌ・エーの南場智子さんです。日本の教育を懸念した南場さんが、グーグル、フェイスブックに続く起業家を日本から輩出したいという目的でＣＳＲ（企業の社会的責任）としてはじめた取り組みです。そこで、ディー・エヌ・エーから、専門家を講師として現地の学校に派遣していました。そのように、自治体が民間企業の協力を得ることも必要だと思います。

プログラミングは「教育しない」「評価しない」が鉄則

石田　他の教科もそうですが、プログラミングの授業も、結局はやっぱり教える人次第、という側面は大きいですね。

小宮山　文科省は、タブレットを使う授業やプログラミング授業を先生と一緒にデザインする、ＩＣＴ支援員の採用を進めています。より高度な知識を持った支援員が多く必要になっているのです。仮に専門家の協力が得られなくても、日本の先生はみなさん真面目なので、ユーチューブを見て、見よう見まねでプログラミングを授業に取り入れることも、できないことはないと思います。ネックになるのはやはり、先生方にそこまでの余力があるかどうかですね。

石田　多忙な先生方に過剰な期待をするよりも、家庭でまずはテクノロジーに慣れさせるのが一番手っ取り早いでしょう。子どもにタブレットを渡して勝手に遊ばせていたら、プログラミングも覚えちゃった！　みたいなケースもあると思います。

そしたら、親が子どもから学べばいい。子どもは何でも覚えるのが早いから、大人が教えてもらうぐらいのつもりでいたほうがちょうどいいでしょうね。

小宮山　そっちのほうが絶対に早いですし、楽しいと思います。親の関わり方のところでも話しましたが、学校の先生も、プログラミングの授業で一番気をつけるべきことは、「教育をしない」「評価をしない」ことなんですよね。たとえば先生が、文科省の事例を真似して、「これを作りなさい」と子どもたちに課題を与えて、みんなで設計して作って終わり、みたいな自由度の低い授業をしたら最悪です。途端につまらなくなって、プログラミングが嫌いになる子も出てくるでしょう。でも家庭内やどこかの教室で、プログラミング本来の楽しさを経験している子は、学校の授業がいくらつまらなくても家庭で伸びていきますから。

石田　今までも、たとえば算数が嫌いだった子が、算数のカリスマ先生に教えてもらって得意になったとか、そういうケースはいくらでもあるわけですからね。結局、何を教えるかではなく、誰がどう教えるのかが重要なんです。プログラミングに関しても、家庭でいかにそれが楽しいものなのか体験できる機会を増やしてあげるのは、リスクヘッジになると思います。

1）学校における ICT 環境の整備状況

教育用コンピュータ 1 台当たり児童生徒数	5.6 人 / 台	(5.9 人台)
普通教室の無線 LAN 整備率	3.4%	(29.6%)
(参考) 普通教室の校内 LAN 整備率	90.2%	(89.0%)
超高速インターネット接続率 (30Mbps 以上)	91.5%	(87.3%)
(参考) 超高速インターネット接続率 (10030Mbps 以上)	62.5%	(48.3%)
普通教室の電子黒板整備率	26.7%	(24.4%)
教員の校務用コンピュータ整備率	3.4%	(29.6%)
総合型校務支援システム整備率	3.4%	(29.6%)

※参考資料：文科省が平成30年8月29日に発表した「学校における教育の情報化の実態等に関する調査結果【速報値】」より。（　）は前回値。

チャンスを与えるのは大人、選ぶのは子ども

小宮山　テクノロジーが学校や家庭に浸透してくると、才能とスキル次第でビジネスをはじめる子どもも出てくると思います。海外では、5歳でプログラマーになった子どももいますので、親は子どもの才能の開花を見守ることが大事です。何かを指図するのではなく、一緒にテクノロジーに触れて、学んで、楽しんであげられたら、それが一番いいんじゃないかなと思いますね。

石田　子どもが自由に才能を発揮できる、何でもありの時代。すごくいいですよね。大人はとにかく子どもの邪魔をしないことです。

小宮山　子どもは、自分でできたことがあると自慢してくることが多いので、そのときは上手に褒めて乗せるチャンスです。たとえば私の息子は、「ニンテンドーラボ」で何か作品を作るとき、「制作に120分必要です」と書かれていてそれより早く作ることができたら、「早くできたよ！」と報告してくるんですね。ですから

そのたびに、「よくできたね！」と言っていますし、最後までできなかったとしても、途中経過を見て褒めてあげたりしています。

石田　子どもって、面白いことや得意なことが見つかると、勝手にベラベラしゃべってきますからね。ただ、中には親が環境を与えてあげても、プログラミングにまったく興味を持たない子や苦手な子もいるかもしれません。そういう子どもに無理強いするのはやめたほうがいい。そのうち、やりたくなる時がくるかもしれないし、どうしても苦手ならできる子と組めばいいんです。

小宮山　そうなんですよね。私も、今はやりたいことしかやっていません。できないことは無理せずに、できる人のお力を借りるようにしています。

石田　私の本でも、21世紀型教育のキーワードに「ネットワーク」を入れているのはそういうことです。自分がやりたいことをするために、できないこと、やりたくないことは他人の力を借りる。そのためには、ネットワークを広げていろんな才能を持った人たちと繋がり合ったほうがいい。今の子どもたちには、そういうことが柔軟にできる人間になってほしいですね。

小宮山　誰でも得意不得意はあるので、バランスが大事なんですよね。そのためには、プログラミングに限らずスポーツでも遊びでも、子どものうちにできるだけ多くのことを体験するチャンスを親が与えてあげたほうがいい。そして、子どもがやりたいことは何なのか、子ども自身に選ばせればいいんです。

石田　親が心掛けることは、子どもの興味・関心の邪魔をしない。知らない世界は見せてあげる。苦手でもできなくても否定しない。それぐらいで十分でしょう。情報に親子ともに振り回されたら混乱しますから。テクノロジー活用教育も、今使える範囲のものにプログラミングのアプリをダウンロードしてみるとか、自分のタブレットを子どもに渡して自由に使わせてみるとか、そういうところからはじめればいい。そして子どもが何かに興味を持ったら、環境を整えてあげればいいんです。

ネットいじめ、リテラシー問題をどうするか?

小宮山　子どもがテクノロジーに触れはじめると、親が心配になるのはトラブルの問題だと思うのですが、これは海外でも国内でも現実に起きています。フェイスブック、スナップチャット（Snapchat）、ツイッターといったSNSでもネットいじめはありますから、テクノロジーのツールも早くたくさんやらせればいいというわけではないんですね。一方で、例えばフィンランドでは、いじめ問題にアプリで警鐘を鳴らすプログラム「KiVa プログラム」もでてきていて、かなり効果が上がっていると聞いています。日本でも大阪教育大学の戸田有一先生がその実践の評価を検証しています。

石田　日本でも、どこかの子ども相談室がLINEを使って相談を受けはじめたら、ものすごい数が来たんですよね。

小宮山　昨年の6月から中高生を対象にはじまった「ひとりで悩まないで@長野」

ですよね。どこでも手軽に相談できるのがいいみたいです。

石田　何をするにも、メリット・デメリットの問題はありますからね。情報リテラシーやいじめ問題について、まずは親が責任を持って教えたうえで使用させるということになるでしょう。

小宮山　学校でもできることはあります。例えば、学校内だけで使用できる教育SNSもあります。「Edmodo」や「Ednity」といったサービスがありますが、これは生徒と先生だけが利用できるSNSです。一時期、一般的に使われているSNSで、コンビニのアイスボックスに入った写真を友人に撮らせた子どもが、それを投稿して炎上するトラブルが発生して問題視されたことがありました。現在も同様のことは少なからず発生していますが、これは情報リテラシーについて学んだことのない子どもが多くSNSを利用しているため、一部の子の不注意によって起きてしまうトラブルです。そのため、クローズドな学校内でSNSをまず利用し、その後でフェイスブックやツイッターなどを利用しましょうという試みです。学校内なら、「失敗」しても炎上しなくてすみますから。

石田　社会に出る前のシミュレーションという位置付けで学校教育の中で実施できれば、社会との接点を持った時に、適切な対応ができますね。

小宮山　危ないから、怖いからといって遠ざけるのではなく、リスクを子どもたち自身に理解させること。その上で、テクノロジーの面白さや便利さを上手に活用できる人が増えていってほしいですね。

石田　そのためには、家庭でできること、学校でできることを区別して、それぞれの立ち位置で積極的にテクノロジーに関与していくということは、日本でも近い将来、常識になっていくことでしょう。

第七章　テクノロジーによって変わる未来

【子どもの未来×新しい学び】

これからは学歴より“何ができる人なのか”が問われる

石田　デジタルネイティブの子どもたちを育てるうえで、テクノロジー活用教育は欠かせなくなることが、小宮山さんと話をしてきてよくわかりました。テクノロジーによって子どもが効率的に学習できるようになり、やりたいことを自由に楽しめるようになるのは、親としても嬉しいことです。ただ、今まで経験したことがないほど複雑多様化していく新しい時代に向けて、親はどう子育てすればいいのか、不安が尽きない人は本当に多いです。

小宮山　ＡＩに代替されないのはどういう職業なのか？　これからどんな新しいビジネスが生まれる可能性があるのか？　といったことを気にされる方もいるかもしれません。でも、変化が激しい時代に先の予測をするのはあまり意味がないですよね。ですから、大人がアドバイスできることは本当に限られてくるでしょうし、限ったほうがいい。まずはそれが一番大事な親の役目だと思います。

石田　子どもが勉強しないことを不安に思っている親も多いですが、これからは学歴も今までのように重視されなくなっていきますからね。今もすでにその傾向は感じていて、私自身も人と会うときに学歴を気にしたことはありません。それよりも、何ができる人で、どんなネットワークを持っている人なのか。そういったことのほうが気になりますから。

小宮山　グーグルの採用基準も学歴・経験不問です。そのかわりに問題解決力、リーダーシップ、職務に関連したスキル・知識・経験といったいくつかのポイントを重視していると言われています。北京大学の先生から聞いた話では、グーグルには大学を卒業していない社員が14％ほどいるそうです。大学に入っても、優秀なエンジニアは卒業する前に就職する人がいるんですね。フェイスブックもアップルも同じように、学歴に関係なく突出した技能を持っている人には、仕事を得るチャンスが与えられています。

石田　本当に優秀な人材が欲しければ、そういった世界のトップ企業の採用システムを日本の企業も見習ったほうがいいでしょうね。

小宮山　海外と日本ではエリートの定義も違ってきています。日本では、組織のどの部署に異動してもマルチに働けるゼネラリストがエリート、というイメージがありますよね。でも海外では、いくつかの特化したジャンルでハイスペックなスキルを持つ人がエリートという認識です。例えばグーグルには、なんでもできるわけではないけれど、テクノロジーと音楽の才能はずば抜けているといったような、複数の異なる分野の優れた才能を持っている社員が多いのが特徴です。

オールマイティな人より スペシャリストが求められる

石田　私はよく講演会や企業研修でお話ししているのですが、人間には、大きくわけると、オールマイティなマルチタスク型と、一つのことに集中するのが好きな一点集中のシングルタスク型の、２つのタイプがいることを知っておいたほうがいいと言っています。マルチタスク型は、なんでもこなすことができますが集中力があまりない。そのため、周囲のことが気になって仕方ないんですね。でもそれは逆に考えると、周囲の空気を読めることになるのです。

小宮山　なるほど。

石田　また、集団行動や秩序を守ることに抵抗がない、価値基準は損か得かで物事を考える、といった特徴があります。一方のシングルタスク型は、好きなことには集中するが嫌いなことはやらない。集中力はあるが、その分、周りの空気が読めず、学校教育のような一律平等システムに違和感がある、といった特徴がある。そして世の中を変えるようなことをするイノベーターには、シングルタスク型が多いんですよ。

小宮山　「マルチ・シングルタスク型」というのもありそうですよね。一点集中が複数ある状態です。私はどちらかというとそちらに近いかもしれません。ただ、日本の企業が求めてきた人材は、どの部署に回されても、どんな仕事をさせられても文句を言わず、空気を読んで波風立てずに働いてくれるマルチタスク型です。

石田　でも、誰でもできるルーティンワークをＡＩがやってくれるようになれば、これからは好きなことを突き詰める一点集中のシングルタスク型の評価が高まっていくはずです。

小宮山　先日、日本の金融機関の方とお話しする機会があったのですが、「これからは異能を募集する」とおっしゃっていました。グーグルもある意味、異能集団のような企業ですが、トップに異能を扱える人材がちゃんといるから成り立っているんですよね。日本で果たしてそれが可能なのか？　と思いますけど。異能の人は、社会常識にとらわれないことが多いので、一見、不真面目そうに見えたり、いい加減に見える人もいますから。

石田　そういうタイプは組織に属さずに、自分で起業したり協働するケースも増えていくでしょうね。マルチタスク型人間は「損か得か」の価値基準で動くタイプが多いのですが、シングルタスク型は「好きか嫌いか」を判断基準とします。ですからこれからの時代は、好きか嫌いかでやりたいことを決める人が評価されやすい時代になっていくでしょう。

英語力と高度なITスキルがあればどこでも働ける

小宮山　小学生の将来なりたい職業アンケートを見ると、海外と日本の職業観の違いがわかります。日本の男の子はスポーツ選手、医師、ゲームクリエイター、女の子は、保育士、パティシエ、医師などがよく上位にランクインしますが、アメリカやインドの子どもたちは、エンジニアや起業家になりたいという子も珍しくありません。

石田　公務員になりたいという子どももいるほど、日本人は安定志向が強いですから。

小宮山　学校で起業家教育なんてしませんからね。私はそれ以外にも原因が2つあると思っています。1つ目は、今までの時代は自分が起業しなくても就職できる大きな会社がたくさんあったこと。2つ目は、グローバル化が遅れて、日本人だけに向けたビジネスだけでなんとか回ってきたこと。つまり、わざわざ外に向かって発信する必要性がなかったのも、日本でグーグルやフェイスブックの創業者のような起業家が生まれない原因だと思っています。

石田　私は、大学院でベンチャー企業を専攻してMBA（国際経営学修士）を取得したので、今の日本は起業家が生まれにくい文化だということはよくわかります。修士論文は、20代で起業して上場までもっていった6人の経営者をテーマに書きました。どの起業家にも共通していたのは、良い意味で「変わっていた」ことです。海外にふらっと絵を描きに行ってみたり、学生時代にビジネスをはじめたり。面白そうなこと、楽しそうなこと、金になりそうなことなど、起業の原点になりそうな種を、若いうちから拾って行動を起こしているんですよね。そういう彼らの姿は、当時の世の中から見ると「異端児」でした。

小宮山　今は、大学生がビジネスをはじめることもめずらしくなくなりましたが、20年以上前の日本はまだそういう人間は少なかったですからね。

石田　戦後、トヨタ自動車、ソニー、松下電器、ホンダといった大企業が生まれた後は、それだけで内需拡大して経済を引っ張ってきましたから。大量採用が当たり前で、自分で会社をつくるという発想すらなかった人が多い時代が長く続きました。多様な価値観を受け入れない文化も根強く残っていますからね。いまだに新卒を一斉採用している企業が多いので、みんなと同じようにスーツを着て就活するのが当たり前、という価値観も簡単には変わらないでしょう。

小宮山　まず採用する側の評価軸が変わらないと、学生の仕事観も変わらないでしょうし、教育も変わらないと思います。第二章でもお話ししましたが、たとえばインドやアメリカでは、ＳＴＥＭスキルのある人材とない人材では、お給料も5倍、10倍と大きな差があります。ところが日本では、どんなに高いスキルを持っている社員でも、お給料は一般社員の2倍もないのが現状です（※Ｐ２００参考資料）。そうなると、優秀な人材は海外に流出してしまいますよね。

石田　人は「利」で動きますから、給料の差は大きいですね。何をやっても同じ給料なら、少しでも楽をしたほうが得だと考える人もいるでしょうから。

小宮山　英語と高度なプログラミングスキルがあれば、日本の何倍も条件がいい就職先は世界中にいくらでもあります。

石田　今になって急に、大手企業のＩＴ人材不足から教育改革を進めようとしていますけど、そういう状況を招いたのはまさに企業です。採用の評価軸を変えなかったことが一番の原因と言えるでしょう。

小宮山　高度なＩＴスキルを持っていても初任給で８００万円しかもらえないのと、２０００万円もらえるのとでは、やる気が全然違ってきますから。採用する側の責任は大きいですよね。

石田　ところで、人材採用、人材育成の草分け的存在のリクルートでは、今、どういう採用をしているんですか？　そこにＩＴ技術の評価軸は入っているんですか？

小宮山　採用する職種によっては入っています。リクルートはテックだけの企業ではないので全ての職種にではありませんが。でも近い将来、条件として入ってくるかもしれません。

<参考> 日米のＩＴ人材の年代別の年収分布　出典：経済産業省「IT人材に関する各国比較調査」(平成28年6月)

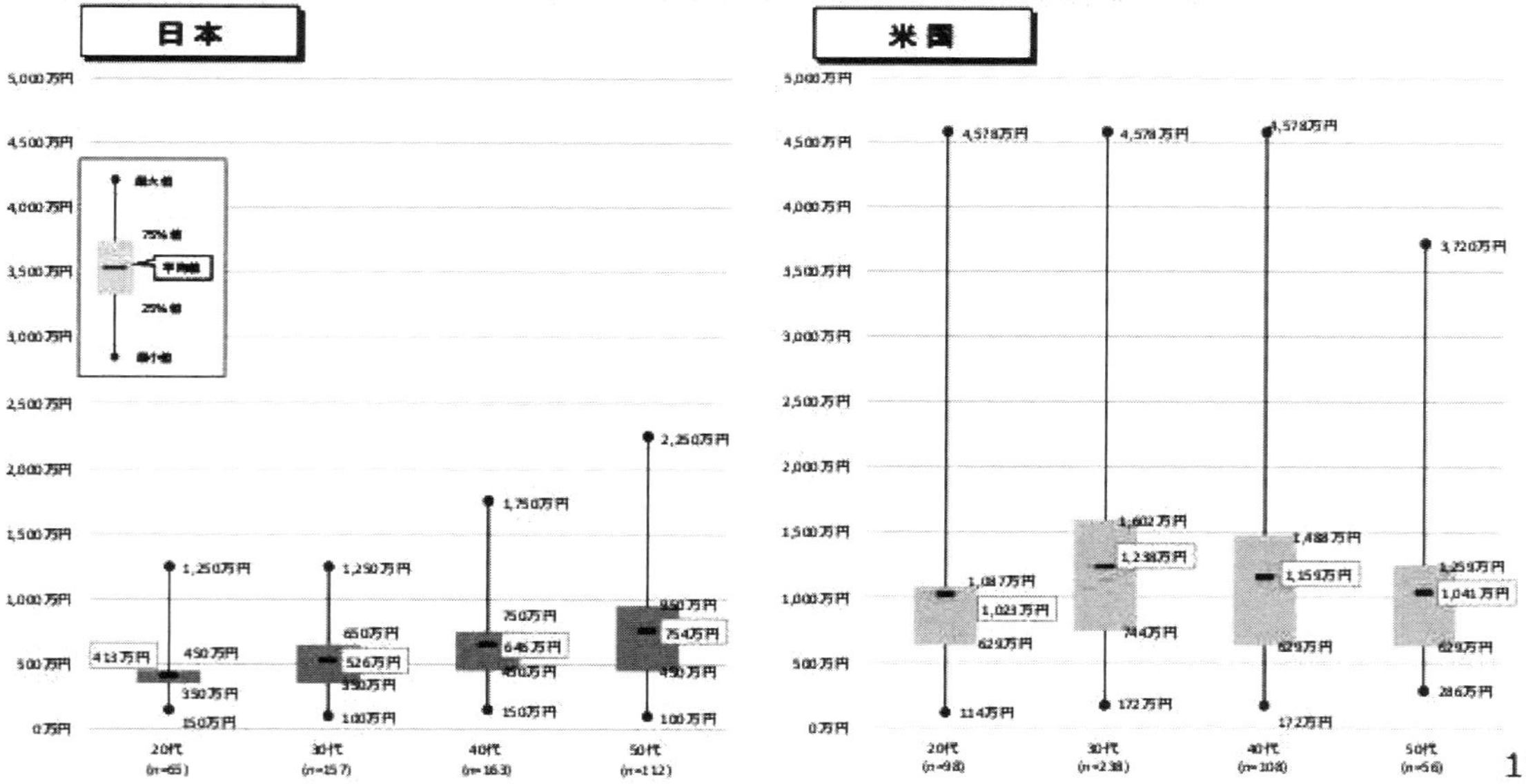

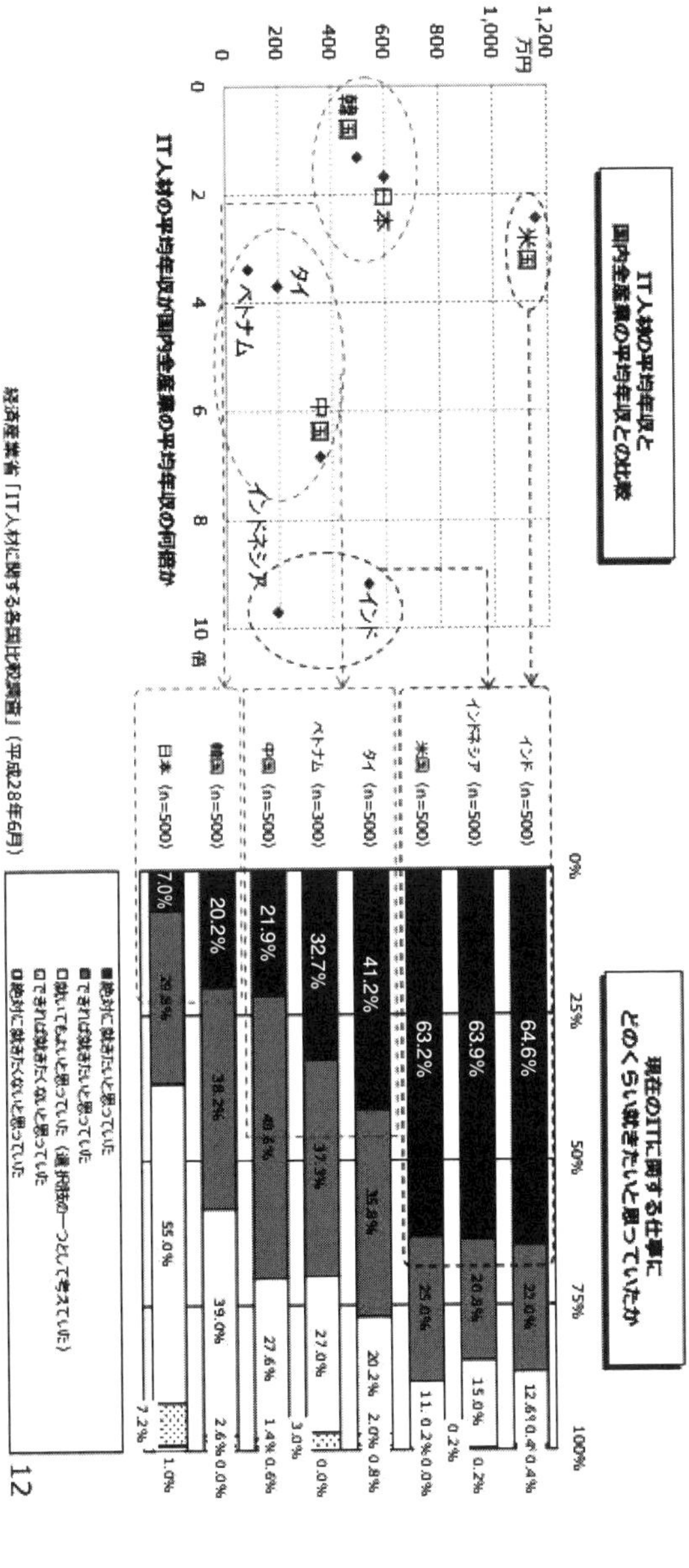

※参考資料：グラフ3点とも経済産業省平成29年8月21日発表「IT関連産業の給与等に関する実態調査結果」より。

“0を1に”できるゼロイチ人間になろう

石田　日本で起業家が育たないのは、小宮山さんもおっしゃっていたように失敗を恐れる人が多過ぎるからです。失敗するぐらいなら、自分の希望とは違っても安全な道を選んだほうがいい。そう考えてしまうんですよね。それはやはり、ひとつの正解だけを求めてその他の間違いをすべて否定し、認めてこなかった学校教育や家庭教育に大きな原因があります。

小宮山　それは本当にそう思います。社会は答えがないことだらけですからね。

石田　ただこれからは、正解がないプログラミング教育など、テクノロジーのおかげで教育も少しずつ変わっていくはずです。子どもたちには失敗を恐れない人間になってほしい。新しいことにどんどんチャレンジする行動力と、問題解決できる能力を身につけてほしい。そう思うなら、どんどん失敗させることですね。

小宮山　世界では約10年前から「VUCAの時代」が到来したと言われています。VUCA（ブーカ）とは、「Volatility（変動性・不安定さ）」、「Uncertainty（不確実性・不確定さ）」、「Complexity（複雑性）」、「Ambiguity（曖昧性・不明確さ）」という4つのキーワードの頭文字から取った言葉です。ざっくり言うと、今までの常識や前例が通用しない時代なんですよね。そんな状況で、失敗を恐れていたら一歩も前に進めなくなります。

石田 今までの教育が社会と連動していないところも問題です。例えば経営学を学ぶときも、自分がコンビニを経営する立場になって考えると、わかりやすいんですよね。このお店はなぜこの場所にあるのか、この商品はなぜこの棚に置いてあるのか、リサーチすればマーケティングの勉強になる。24時間営業の店員の勤務状態について調べれば人事。お店の利益構造について考えれば収益や財務。競合との差別化について調べたら経営戦略が学べる。要するに学問から入るのではなく、実際のビジネスを入り口にして学問に落とし込んでいったほうが、現実問題として理解しやすいんです。でも学校教育は、順番が逆なんですよ。

小宮山 自分の話をして恐縮ですが、私は息子に「正解がない課題に取り組める仕事に就けるといいね」と話しているんです。日本が大量生産型の工業化社会だった時代は、1から100にする仕事が社会を支えていました。これからもそういう仕事は残ると思いますが、変化が激しい時代に適応する人間に求められるのは、0から1を作る〝ゼロイチ〟の仕事。私自身、そういう仕事のほうが好きで、1を

100にする仕事は先が見えるのですぐに興味をなくしてしまうんですね。ですから、自分の子どもにも「ゼロイチ」ができる人になってほしいと願っているんです。

石田　変化が激しい複雑な時代は、新しい価値観、新しい考えが生まれやすい。それを作り出していくのが、今の子どもたちですからね。

小宮山　人生100年時代になると、個人の職業寿命は20歳から80歳まで、約60年になると言われています。逆に、企業の寿命は短くなって、長くもっても20年と言われています。そうなると、必然的に転職を繰り返す人やフリーランスが増えます。安定した就職先が減少すれば、自分で起業する人も増えるでしょう。誰もがゼロから何かをつくりだすことを求められる時代になると思いますね。

成功するまで〝ジャンケン〟をし続ける

石田　失敗や成功の概念は、成長過程の中で学んでいくんです。つまり、何が失敗で何が成功かを誰かが判断しているわけで、その一番大きい影響を与えるのは親なんですよね。もちろん学校の先生や友だちの影響もあると思いますが、子どもにとっては親が一番ですから。小宮山さんのように理解があるママだと、子どもも伸び伸び育つと思います。

小宮山　成功している人って、ジャンケンし続けているんですよね。勝っても負けても絶対にやめません。人生はゲームの連続だと思っているので、たとえ負け続けたとしても、ジャンケンをやめないのが成功者なんです。

石田　わかりやすい！　面白いですね。勝つまでチャレンジし続ければ、失敗とは言えませんからね。

小宮山　松下幸之助さんの言葉にもありますよね。「失敗したところでやめるから失敗になる、成功するところまで続ければそれは成功になる」と。私も、リスクをとればとるほど安定すると思っているんです。自転車と同じで、漕げば漕ぐほど速く走れるけれど、漕がなければ倒れてしまいますから。

石田　小宮山さん、スピードも速いし止まらないですからね。

小宮山　リスクをリスクと思ってないからでしょうね。リスクテイクというのは新しいことに挑戦することで、やったぶんだけ種まきをしているわけじゃないですか。そうすると、ちょっとずつどこからか芽が出てきたりするわけです。

石田　例えばどんなことですか？

小宮山　早稲田大学大学院時代にソウルに交換留学したとき、韓国の民間奨学金にダメ元で応募したら給付してもらえました。ソウルの大学院で国際関係学を学んだら、政治学の授業があって面白かったので、日本のある政党のインターン募集をネットで見つけて試しに応募したらなぜか通りました。議員秘書時代は、急にアフリカに行きたくなって、チュニジアに短期留学したんです。するとチュニジア政府が給付型奨学金を募集していることを知り、たった8名しか募集していなかったのですが、これも応募したら通りました。

石田　すごい勢いで自転車を漕ぎまくっていますね。失敗を怖がらないということは、行動することを止めないことだというのがよくわかります。

小宮山　失うものが何もないというか、予期せぬことが起きても楽しんでしまえる性格みたいです。以前、お願いされてカエルの着ぐるみを着てあるイベントに参加したときは、「もっとリアクションを大きくして」と注意されました。でも「そうか！　着ぐるみが大きくても動きが大きくなければ目立たないのか」と勉強になりましたね。

石田　カエルの着ぐるみ？　小宮山さんってやっぱり面白いなぁ。何でも経験あるのみ、という姿勢ですよね。そうやって自転車を漕ぎ続けるためには、常に「HOW？（どうすればいい？）」と自分に問い続ける必要があると思います。何かを新しく創り出すのって、具体的に何か目に見えるものを創り出すことだけではないので。

小宮山　確かに、オリジナルのアイデアを考えることがまず先ですよね。

石田　それを簡単に導き出す問いが「HOW？」なんです。「どうすればいい？」と聞かれた途端に人の脳は動き出すので、その問いによって自分の考えや意見を引き出し続けることがゼロイチの原点でもある。私もママさんたちに、「どうすればいい？　と子どもに問いかけてください」といつも話をしています。

好奇心、創造力、デザイン思考力が武器になる

小宮山　新しいものを創り出すイノベーターが求められる時代になると、自分の子どもの創造力を育てようと思う方もいるかもしれません。でも創造力って、育てようと思った瞬間から陳腐化するんですよね。だから大人が無理に創造力を育てようとするのは、無駄に終わるか、逆効果でしかないように思います。

石田　親にできることがあるとしたら、日常的に「どう思う?」「どうしたい?」といった問いかけをすることですね。子どもがどんなことに興味・関心があるのかわかりますから。スポーツでも鉄道でもアニメでも、好きなことなら何でもいいんです。何か見つかったら、実際に見に行ったり、関連書籍を読んだり、本人が体験できる機会を与えてあげたほうがいい。そこから何かにのめり込むことができれば、創造力だけでなく、集中力、思考力、表現力といった才能も相乗効果的に伸びていきます。

小宮山　何かひとつ好きなことが見つかると、好奇心も広がっていきますよね。国際競争力が高い人たちに共通するのも好奇心の強さです。私が海外で出会う人たちは、好奇心過剰といってもいいタイプが多いですけど。好奇心を刺激する最強のツールが、テクノロジーです。石田さんもおっしゃったように、興味があることは、すぐに検索して調べられますから。

石田　検索して情報収集することも、ある種の創造力に影響すると私は思っています。例えば、ネットで他の人の意見や情報を得た中で、自分が新たなアイデアを考えつくことってありますよね。あるいは、こういうものを作りたい、こういうことをやってみたいと思ったとき、ユーチューブやグーグルで検索して似たような情報を集めて、比較検討しながら自分なりに新しい組み合わせを考えることもある。これは、将来ビジネスでも活きるデザイン思考力にもつながります。

小宮山　デザイン思考という言葉は、4年ほど前からアメリカやヨーロッパでよく耳にするようになりました。日本で言われるようになったのは、まだ最近だと思いますが。

石田　デザイン思考の最大のポイントは、最初にどれだけの情報を集められるかです。できるだけたくさん集めた情報の中からいらないものを省き、分類して、市場のニーズにマッチしたプロトタイプを作っていくので、インプットの量によってアウトプットの結果が決まるんですよね。その情報を、昔は自分で実際に見て確かめたり、人に聞いたりして集めていたわけですが、今はテクノロジーによって誰でも簡単にできるようになりました。だから今の世の中にあるもので、本当にオリジナルなものってないと思いますよ。

情報や体験の多さがますます重要になる

小宮山　情報や体験の多さが、アイデア力や知識力に関係するというのはありますよね。ひと昔前は、移動距離が知識量に比例すると言われていましたから。

石田　だから、世界中あちこち行きまくっている小宮山さんの知識量は尋常じゃないんですよ。

小宮山　いえいえ。そのうちVRやARが一般的になってくれれば、情報のリアリティも増すと思います。その反動で実際に体験して感じる「肌感覚」も重視されるでしょうね。私自身は「ファーストハンド（直接体験）を打ち負かすものは何もない」と、テクノロジーが発展した今でも考えています。

石田　子ども時代に遊びまくっていた人間が強いのは、そういうことなんですよね。

小宮山　デザイン思考の話から、またちょっと戻りますけど、創造力は想像力とも関係していて、想像力を膨らませることで創造力が生まれることもありますよね。それがテクノロジーによって容易になってきた面もあると思います。たとえば最近、マサチューセッツ工科大学では、ＳＦ作家を招集して話を聞いているそうです。Ｓ

F作家が描くのはバーチャルな世界ですが、現実がその世界に接近してきていますから。

石田　確かに、ドローンとか自動運転車とか、昔は想像もしなかった世界が、テクノロジーによって実現しはじめていますからね。

小宮山　ですから、近未来の世界について考えることが仕事のSF作家に話を聞いて、実現できそうなものがあるかどうか検証していると聞きました。

石田　面白いですね。12年ほど前に翻訳版が出た、ダニエル・ピンクの『ハイ・コンセプト「新しいこと」を考え出す人の時代』にも、これからはデザインや物語の感性が不可欠になると書いてあって話題になりました。当時から、そういうことを意識してきたビジネスマンはいると思いますが、子育て中のママさんたちに、そのような価値観はまだまだ浸透していないように感じます。こういう本を積極的に読むことも大事ですね。忙しくて全部は読み切れなくても、目次を読んで、気になるところだけ目を通して、ポイントをつかむだけでも世の中の見え方が変わりますから。

発信力で信頼と共感を得る人間に光が当たる

小宮山　日本人は今まで、自分が持っている情報や意見を発信することに抵抗がある人が多かったと思います。恥ずかしさや遠慮もあるでしょうし、誰かに真似されたり、批判されたりすることも懸念しているのでしょう。でもＳＮＳによってシェアリング・コミュニティが発達してくると、発信すればするほど自分に有利になるんですよね。発信したことに対して多くの人からフィードバックを得られるので、壁打ちが容易になりますし、発信すればするほど情報が集まってきますから。

石田　おっしゃる通り、私もそれは日々実感しています。東洋経済オンラインで「ぐんぐん伸びる子は何が違うのか？」の連載を始めたときも、長年の経験から導き出した自分の教育ノウハウを無料で公開しちゃったら、仕事にならなくなるんじゃないかな？　と、不安に思ったこともありました。でも自分の中だけに閉じ込めるのはやめて、「全部バラします！」と決めてノウハウをすべて公開することに決めたのです。

小宮山　確かに、連載の回数もすごいですよね。

石田　その結果、どうなったかというと、「こういう本を書いてください」「こういう話をしてください」という話をたくさんいただくようになりました。すでに記事に書いたから読めばわかることでも、話が聞きたいという人って、案外多いんですよね。

小宮山　人が読みたくなる情報を発信すればするほど、信用の蓄積になりますから。「実際に会って話を聞いてみたい」と思うんでしょうね。

石田　確かに、読者にとってメリットがある情報であればあるほど、信頼や共感を得やすい。それは実感しています。

小宮山　これからは、好きなことや得意なことを突き詰めながらコツコツ発信して、信頼や共感の貯金をしていく人に光が当たる。そういう世界になっていきます。その積み重ねが、すべてテクノロジーによって可視化されるようになりますから。

石田　信頼と共感が、「こういう人と仕事したい」という評価にも結びつきますからね。それが、21世紀型教育のキーワードに入っている「コミュニティ」にもつながっていきます。

小宮山　共感が必要になる最大の理由は、働き方が変わっていくからですよね。これからは、ひとつの会社で一生働き続けることが難しくなるので、副業を持ったり兼業したりフリーで働きながら、いろんなプロジェクトに取り組む機会が増えていきます。そうなったとき、人から共感を得られる人でないと声をかけてもらえませんから。

石田　好きなことをSNSで発信していると仲間も増えやすいので、そのコミュニティから仕事が発生することもありますからね。英語でハッシュタグ「#」をつければ世界中の仲間とつながれますし。

小宮山　そうなんです。SNSのおかげで、その分野の第一人者にアクセスすることも可能な時代になりました。昔は、「six dimension（6の隔たり）」と言われていて、例えば、ビル・ゲイツのような世界のトップリーダーに会いたいと思ったら、間に5人挟んで交渉しなければ会えないと言われていたんですよね。それが今はテクノロジーのおかげで、3人とか2人に短縮されてきて、誰にでも会おうと思えば会える時代になってきました。

石田　ユーチューブでの発信が、直接ビジネスにつながることも珍しくなくなってきましたよね。ピコ太郎が海外で大ヒットしたのもそうですし、ジャスティン・

ビーバーも中学生の時、ユーチューブで自分の歌を発信したのがきっかけでスカウトされてデビューしたわけですから。テクノロジーによって、チャンスが平等に与えられるようになったわけです。

小宮山　いずれにしても、自分から発信しないとチャンスはつかめませんからね。ただ子どもの場合、自分からアウトプットするのはまだ難しいですし、注意が必要なので、インプットするだけでいいと思います。小学高学年ぐらいになって、自分から発信したい意欲が湧いてきたら、親が一緒にアウトプットの土台づくりをしてあげたほうがいいです。

石田　そこは大事ですね。ただし、親がアウトプットに慣れていない場合は、無理をしないほうが無難です。何でもそうですけど、好きでもないことや苦手なことはやらないこと。子どもがどうしても発信したい場合は、自分でテクノロジー社会のルールを学んだうえで、できるようになるまで待ったほうがいいと思いますね。

「ストーリーテリング」の力が重視される

小宮山　発信力に関することで言うともうひとつ、ここ数年、海外でよく話題になる言葉があります。「ストーリーテリング」という言葉は日本ではあまり耳にしませんが、アメリカの教育界ではこれから重要になると言われています。

石田　物語性を重要視するということですか？

小宮山　そうです。たとえばプレゼンをするとき、データがあると説得力が増すのはみなさんご存じですが、どうすれば人の記憶に残るか？　ということはあまり意識されませんよね。でも、どんなに説得力ある内容でも、その人の記憶に残らなければ意味がないんです。

石田　私も、頻繁にセミナーにきてくださっているママさんたちに、同じ話を繰り返すことがよくあります。なぜなら、前に話したことを覚えていない人が少なからずいるからです。ですから毎回、「ひとつだけでいいから、今日の話を持ち帰って家庭で実践してみて下さいね」と伝えているんですよ。

小宮山　よくわかります。では、どうすれば忘れないでもらえるのか。海外では、物語調で話をしたほうが効果的だと言われています。話したい内容に関する印象的なエピソード、体験、感想にストーリー性を持たせて話をすると、聞き手に強く印象づけることができるんですね。

石田　大統領などの歴史に残る名スピーチと言われる話にも、ストーリーテリングが入っていますよね。

小宮山　入っています。それは一般人が周囲から共感や信頼を得るときも同じで、人の心を動かさなければ自分のことは印象づけられないんですよね。これからは組織に頼らず生きていく究極の個人戦の時代になるので、周囲の協力は不可欠です。ですから子どもたちにも、ストーリーテリングの教育が重要になると言われています。

石田　ストーリー展開で話をするときは、時系列や心情を意識した流れで組み立てるとわかりやすいんですよね。基本的に、「状況」→「出来事」→「心情の変化」の繰り返しですから。これを会話のなかで進めていくときのポイントは、いつ（When）、どこで（Where）、誰が（Who）、何を（What）、なぜ（Why）、どのように（How）、の5W1Hをちゃんと配分することなんですが、子どもはよく抜け落ちるんです。

小宮山　大人でも、ストーリー展開で話をするのに慣れていない人が多いですからね。

石田　もうひとつ肝心なのは、人の心を動かすためには、その人自身に「感性」がないと難しいということです。自分が見聞きした物事を、理屈よりも感覚で心に深く感じとることができなければ、相手の心に深く伝わる表現力も身につきません。この感性を磨くためには、「どう感じた？」「どう思った？」と問いかけるといいんです。もし、マンネリ化した日常の中で、それほど問いかける話題がなければ、本、音楽、映画、絵画、自然など、日常にはないものを見せたり、触れさせたほうがいい。ストーリーテリングの力は、感受性を磨くことで高まっていきます。

小宮山　SNSでも、ただ出来事を淡々とつぶやいている投稿にはあまり反響がありませんけど、自分の思いや気持ちを書いた投稿をすると一気に「いいね！」が集まります。そういう積み重ねも大事だと思いますね。

「IQ」「EQ」以上に「LQ（愛の指数）」を

石田　『AI時代を生きる子どもの才能を引き出す「対話力」』という本にも書きましたが、私は、21世紀を幸せに生きていく人間になるためには、「考える力」「創り出す力」「人を大切にする力」の3つの力が必要だと考えているんですね。「考える力」は、思考する習慣と表現する習慣で身につきます。「創り出す力」は、子どもが夢中になれることを徹底的に極めて、人と違うことを恐れなくなることで身につきます。ただ、この2つの能力だけで「一人勝ち」しても幸せになれませんから、自分も他人も大切な存在であると考え思いやることができる「人を大切にする力」も同じぐらい必要なのです。

小宮山　今のお話を伺って思い出したことがあります。中国の大企業アリババの創業者ジャック・マーが、これからの人間には「IQ（知能指数）」「EQ（心の知能指数）」の他に「LQ（愛の指数）」が必要だと言っていたんですよ。「LQ」のLは「LOVE」のLで、LOVEは機械にはない能力だから、今後ますます重要になるだろうという話をしていました。彼はもともと天才だったわけではなく、就職活動で何十社も落とされた後に成功した方なので、特にそういう経験から学んだ部分もあるかもしれませんが。

石田　私は、某人気シンガーソングライターのバックコーラス・グループに参加しているんですが、メンバーは一部上場企業の会長や社長、年商数十億を稼ぐ起業家、元検事や弁護士、天皇陛下の椅子を作ったこともある木工職人と、そうそうたるキャリアを持つ人ばかりなんです。でもみなさんには、「人を大切にする力」が抜きん出ている点が共通しているんです。「LQ」がめちゃくちゃ高い人ばかりです。

小宮山　みなさん、魅力的な方ばかりなんでしょうね。

石田　学歴は、ハーバード大学、東京大学といった国内外の難関校出身者から、高校中退、中卒までさまざまでいわゆる偏差値尺度ではまちまちです。学歴は職業の種類に影響を与えるかもしれませんが、もうひとつの「人を大切にする」尺度の値が高くないとハッピーにはなれないということをまざまざと感じています。人は誰かに大切にされると、一緒に働きたいと思いますから、「LQ」を重要視するジャック・マーの意見には共感します。ただ、愛とか思いやりはもともと普遍的なものなので、テクノロジーが進化したことで改めてクローズアップされてきたのかな、という気もします。

「脳のOS」を変えて学びと遊びを一体化する

小宮山　リクルート次世代教育研究院と東京学芸大学は、２０１６年9月から共同研究を行っているんですね。主なテーマは、ＡＩ時代に求められる「生きる力」とは何か、その「生きる力」を育成するにはどのような学びが必要か、またそのような時代に子どもたちを教え導く「教員」はどのような存在になるべきか、の３つです。

石田　シンポジウムも共催していましたよね。

小宮山　２０１７年5月に1回目のシンポジウムがありまして、そのなかで「ＡＩ時代を見据えての教育」に関する提言を発表しました。１つ目は、学びと遊びの区別がない「生きることを面白くする人間」を育てる。２つ目は、状況に応じて自己を活用し、他者と世界を共創する「自己活用力」が教育のキーワードとなる。３つ目は、教員に学習者の主体性を尊重するファシリテーターとしての役割が求められるというものです。

石田　どれも、今まで話してきたことに当てはまります。

小宮山　４つ目は、ＡＩをよく知ったうえで、上手に活用して共に生きることを学ぶことが重要となる。最後は、「教育のためのＡＩ倫理ガイドライン」の策定が必要となる、の５つです。どれも大事ではあるんですが、この中で一番ポイントになるのは、やはり「遊び」と「学び」の一体化だと思っているんですね。

石田　遊びの重要性は、私も繰り返し話をしたり書いたりしてきました。21世紀を生きるために身につけるべき「考える力」と「創り出す力」がある子は、まさに学びと遊びが一体化しています。インプットした知識を自分の多様な体験と組み合わせてアウトプットすることができるんですね。そのためには、遊びを通した経験の幅の広さが必要なんですが、遊ばずに勉強ばかりしている子どもは与えられた情報を受け取るだけ、インプットするだけで終わってしまいます。つまり脳の土台、パソコンでいうところのＯＳがまったく違うんですよ。

小宮山　脳のＯＳ、わかりやすいですね。

石田　学校の勉強はソフトやアプリに当たりますが、そのようなソフトのダウンロードをしても、「考える力」「創り出す力」と言った土台となるＯＳのバージョンが低いとフリーズを起こすのです。ですから、このＯＳのバージョンを上げることを考えないと本末転倒になります。ただ、学芸大学がそういう取り組みをはじめたのは大きな進歩ですよね。

小宮山　私もそう思っているんです。私立大学でこういう取り組みをはじめているところはありますけど、教員を養成する国立大学がこの５つのテーマに着手しはじめた影響は大きいんじゃないかと。

何かに夢中になった経験が未来に活きる

石田　遊びと学びが一体化した人間というのは、今までの時代もいたんです。私が今まで出会った数百人の東大生にも、遊びの延長で勉強しているようなタイプが少なくありませんでした。そういう子の話を聞くと、家庭内での対話や家族で遊んだ経験が多く、好奇心や思考力を高める子育てをしてもらっているんですよね。つまり、子どもの頃から、考える力を育む脳のOSの土台づくりをしてもらっている。でも、それができずに英数国理社といったソフトのインストールばかり意識して、結果として苦労している家庭が少なくないわけです。

小宮山　子どもが勉強や習い事で忙しくて、親子でゆっくり会話したり遊んだりする余裕がない家庭も多いでしょうね。

石田　学びと遊びを一体化できる人間を積極的に育てるためには、やはり学校教育の出口となる企業の採用評価軸を変えなければいけないでしょう。偏差値ベースの試験制度も変えていかなければ、根本的な改革は難しいと思います。

小宮山　受験がなくならない限り、改革するにしてもかなり時間がかかるでしょうね。ただ、石田さんも著書でよく書かれているように、家庭でできることはたくさんあります。息子はゲームだけでなく料理も大好きなので、私が家で料理をしていると必ず、「何か手伝いたい。手伝えることある？」と聞いてきます。キッズ向けの料理教室に通っていたこともあって、料理は興味が持続しています。たまに作ったものを食べさせてもらったりして。

石田　料理好きっていいですね。ゲームも、ものづくり系が好きみたいだし、作ることが好きな子なんですね。

小宮山　常に何かしら作っていたいようです。あと、私が旅行好きというのもあって、子どもはできるだけいろんなところに連れて行っています。国内は、47都道府県すべて制覇しました。

石田　それはすごい。いい経験ですね。私も家族全員で、東海道五十三次を歩いてめちゃくちゃ楽しかったですよ。日本橋から京都の三条大橋まで44回にわけて約500キロを歩ききりました。

小宮山　それも面白そう！　素敵な思い出になりますね。

石田　子ども時代の経験の幅は広いに越したことはありませんよね。それとやはり、本当の意味で賢い子に育ってほしいなら、勉強以外の領域で夢中になれるものを見つけてあげるのが一番の近道です。ゲーミフィケーションやプログラミングは、そのきっかけとなる最強のツールとして今後ますます注目されるでしょうね。

小宮山　子どもが好きなことやものが何なのか、今まで以上に積極的に見つけてあげる環境づくりが親の大事な役割になります。見つけた後は、五感を通じて体験したり、テクノロジーを使って表現したり。インプットだけではなくアウトプットも簡単にできる時代になったので、それを使わない手はありません。

石田　親も子どもと一緒に、テクノロジーの進化に興味を持って面白がってみる。わからないことがあれば、子どもに教えてもらう。そのぐらいの柔軟な気持ちでいたほうが、これからの時代をより楽しめると思います。

おわりに

人生100年時代の学び

人生100年時代。80歳まで働けるようになる社会が到来すると言われています。その一方で、会社の寿命は合併や吸収等が増えて平均21年。今後はもっと短くなると言われています。そうなると、ひとつの会社で終身雇用のように働き続けることは多くの人にとって幻想になるでしょう。

これからは、プロジェクトごとに仕事をしたり、兼業・副業をしたり、フリーランスとして働く人が増えていきます。

それに伴って、学びも変化します。

基礎的な知識についての必要性は変わらないものの、その上に積み重なる知識については、テクノロジーがこれだけ急速に発展している社会ではすぐに廃れてしまうかもしれません。例えば私の知人に「データサイエンティスト」がいます。文字通りデータを分析してそのデータから何が見えてくるかを表現する仕事です。その人が言うには10年後その仕事があるかどうかわからないとのこと。「データサイエンティスト」は今どこの会社も喉から手が出るほど欲しい人材ですが、テクノロジーの発展によりその仕事さえも幾分かテクノロジーに代替される可能性があるのです。

なぜなら、「成功」の陳腐化が早くなり、どんどん新しいことが生まれては古くなって、昨年は新鮮だったことが今年はもう普通になっていることも多くなるからです。そのような社会では、自分が持つ知識の新陳代謝が必要になるのです。

自分が今、従事している仕事のうち、どのくらいがテクノロジーに取って代わられるか考えたことはあるでしょうか？　自分の仕事のタスクを分類したら、その中のどのくらいの仕事が、今後テクノロジーに取って代わられてしまうでしょうか？

その取って代わられてしまう部分は、新たな学びに費やしていく必要があります。これからは「学び続けられるかどうか？」が重要になる時代になります。学校の卒業証を受領したら学びが終わるのではなく、人生最後まで学び続けていくのです。新しいことに対応し、それを踏まえた上で仕事を遂行していくため、大人の学びは不可欠になります。

会社から与えられる研修は、それはそれで一定の価値があるかもしれません。しかし、その会社もいつ倒産するか分からないのです。自分にとってどのような学びが必要か？　まずは考えてみて下さい。学びにもいろいろあります。どんな学びが今の仕事に直結している「お金につながる学び」なのか？　どの学びがこれからの仕事に関係する「お金の芽になる学び」なのか？　あるいは趣味として追求したい学びなのか？　「学びのポートフォリオ」を考えながら、自分自身で選んだテーマを学び続ける人ほど楽しい時代になっていくでしょう。

そのような学びの積み重ねは、今後ブロックチェーン等のテクノロジーによって可視化されていきます。それが自分の「人生の学歴」の一部として、信用を得るきっかけになる可能性もあるのです。理想の生き方の一つは、石田さんともお話ししたように、学んでいるのに遊んでいる感覚で、それがお金を稼ぐことにもつながっている状況です。

これからの子どもの学び

ではこれからの時代を生きる子どもたちにとって、どういった学びが必要なのでしょうか？

そのことを知るためにはまず、子どもの好きなものや好きなことを一緒に探し、追求する機会を、親が与えてあげる必要があります。あれしなさい、これしなさいではなく、子どもが自ら興味関心を持ったことに夢中になれる環境を、できるだけ整えてあげることです。

気をつけたいのは、親の価値観や常識を押し付けて、子どもの可能性の芽を摘んでしまわないことです。今の社会と、子どもが大人になる頃の社会は、状況がまったく異なっている可能性が高いのです。今の常識が、その頃には非常識になっていることもあるでしょう。ですから、親自身が自分の常識を疑ってかかる姿勢も必要なのです。

そのために、親が注意するべきは、子どもが好きなことをしているとき邪魔をしないこと。これに尽きます。

今はテクノロジーのお陰で、あらゆる情報がネット上に掲載されています。子どもが何かわからないことがあっても、自分でいくらでも調べられます。

さらに、これからの学びは知識をインプットして終わりではなく、インプットした上で自分がどう考えているか、アウトプット（発信）していくことが重要になります。アウトプットまでが学びなのです。ですから、子どもが発信することも、親はできるだけ邪魔しないことです。そのアウトプットを世界の人と共有し、フィードバックをもらうことで修正し、また発信していくこともできるのです。

未来は創るもの

今は、不安定で不確実で、複雑で曖昧なVUCAの時代と言われています。そのような状況で、未来の見通しは立ちません。ただし、「こういう方向になっていくのでは？」という予測はできるでしょう。子どもが大人になる頃には、AIがどのような場面で使われるようになるか、詳細な予測はできませんが、日々の報道から方向性の予測はできると思うのです。例えば、自動運転は普通になっているかもしれませんし、空飛ぶタクシーでさえも現実になっているかもしれません。

でもどれも、人間が創り出すものなのです。そうであるならば、未来は予測できないと恐れずに、未来を自らの手で創ってしまえばいい。今の子どもたちには、そう思える人間に育ってほしいと思いませんか？

パソコンの父と呼ばれているアメリカの計算機科学者だったアラン・ケイ氏は「未来を予測する最善の方法は、自らそれを創り出すことである」という言葉を残しています。何かを創り、フィードバックをもらって、また創る。この繰り返しをどれくらい続けることができるかが大事なのです。

計画が100%仕上がってから動き始めるのではなく、20%でも、30%でもできた時点で動き始めること。仮に計画書が100%完璧に出来上がったと思っても、社会が変化するスピードが速いため、出来上がってから動いていたのでは遅きに失する可能性があるからです。

ですから、まずはとにかく動くこと。子どもも大人も、自分の「好き」を体現するべく、動いて動いて動きまくることが、未来を創ることにつながっていくのです。

謝辞

「一緒に本を出しませんか？」と、共著者の石田勝紀さんから声を掛けて頂いたのは2018年1月25日のことでした。「東洋経済オンライン」の教育連載で大変な人気を博していらっしゃる石田さんから、そのように声を掛けて頂いたのは、大変嬉しかったと同時に、どういう本になるのかと最初からワクワクしっぱなしでした。いつも私のことを気に掛けて下さり、またさまざまなご助言を頂けたことに感謝申し上げます。

また、本書を制作するにあたり、ライターの椛山美夏さんには何度も丁寧なインタビューをして頂き、非常に助かりました。編集者である株式会社アプレの池田和人さんにも、どのような構成にするかご助言頂き、大変ありがたかったです。この場をお借りして、各位に御礼申し上げます。

小宮山利恵子

（プロフィール）

石田 勝紀 いしだ・かつのり

一般社団法人教育デザインラボ代表理事、公立大学法人都留文科大学国際教育学科特任教授。

１９６８年横浜生まれ。20歳で起業し、学習塾を創業。３５００人以上の生徒を指導し、「心を高める」「生活習慣を整える」「考えさせる」の３つを柱にして学力を引き上げる。２００３年、東京の中高一貫私立学校の常務理事として大規模な経営改革を実行。横浜市教育委員会高校改革委員、文部科学省高校生留学支援金制度の座長を務め、生徒、保護者、教員を対象とした講演会、企業での研修会も多数実施。２０１５年から連載している東洋経済オンラインの「ぐんぐん伸びる子は何が違うのか？」は累計６５００万アクセスを超える。２０１６年からはママさん対象の子育て・教育勉強会「カフェスタイル勉強会～Mama Café」を主宰し、講演会、研修会、ママカフェの活動回数は年間２５０回を超える。国際経営学修士（ＭＢＡ）、教育学修士（東京大学）。

小宮山利恵子 こみやま・りえこ

リクルート次世代教育研究院院長、国立大学法人東京学芸大学客員准教授。

１９７７年東京都生まれ。早稲田大学大学院修了。国会議員秘書、株式会社ベネッセコーポレーション福武總一郎会長（当時）秘書等を経て「スタディサプリ」を展開する株式会社リクルートマーケティングパートナーズにて２０１５年12月より現職。超党派国会議員連盟「教育におけるＩＣＴ利活用促進をめざす議員連盟」有識者アドバイザー。教育新聞特任解説委員。超教育協会上席研究員。米国国務省招聘プログラム International Visitor Leadership Program（"Education in the Digital Age"、２０１８年）、フィンランド外務省教育省招聘プログラム（２０１７年）参加。全国の学校等で情報リテラシーや未来の教育について多数講演。教育関連で視察した国・都市は19カ国、43都市にのぼる。

「新時代の学び戦略」
AI、スマホ、ゲーム世代の才能を育てる

平成31年2月1日　第1刷発行

著　者　石田勝紀
　　　　小宮山利恵子
発行者　狩野直人
発行所　株式会社アプレ
発　売　株式会社日本工業新聞社
〒100-8077　東京都千代田区大手町1-7-2 産經新聞社8階
電話 03-3243-0571　FAX 03-3243-0573
印刷・製本　株式会社シナノ
執筆協力　樺山美夏
デザイン　荒木香樹
DTP　スパロウ

ISBN978-4-8191-1357-1 C0095